OUR LADY OF GUADALUPE MISSION
79 MOORE AVENUE
KITCHENER, ONTARIO N2H 3S4

OLGM1145

Darwin no mató a Dios

ANTONIO CRUZ

D1118287

Vida

ℒa misión de EDITORIAL VIDA es proporcionar los recursos necesarios a fin de alcanzar a las personas para Jesucristo y ayudarlas a crecer en su fe.

©2004 Editorial Vida
Miami, Florida

Edición: *Madeline Díaz*

Diseño interior: *Yolanda Bravo*

Diseño de cubierta: *451 Group*

Reservados todos los derechos

ISBN: 0-8297-4358-8

Categoría: Vida cristiana / Ciencia-Evolución

Impreso en Estados Unidos de América
Printed in the United States of America

04 05 06 07 08 09 ❖ 06 05 04 03 02 01

CONTENIDO

INTRODUCCIÓN

D esde que se publicó *El origen de las especies*, a mediados del siglo XIX, las ideas de Darwin han matado a Dios en la conciencia de muchas personas. Este acontecimiento suele ocurrir generalmente durante los primeros años de la formación escolar. Cuando se enfrenta al adolescente, aunque este haya sido educado en un ambiente cristiano, con la afirmación contundente del profesor de biología de que la evolución es un hecho científico comprobado, el ser humano un descendiente del primate, y este, uno de los últimos eslabones de la larga cadena que empezó en el mar a partir de sustancias químicas y sin necesidad de un Creador sobrenatural, no es difícil que el alumno empiece a cuestionarse muchas cosas e incluso llegue a perder la fe que una vez le inculcaron sus mayores.

Doy gracias a Dios porque en mi caso no fue así, aunque tuve mis propias batallas dialécticas. Recuerdo con nostalgia aquellos debates de juventud sobre la creación y la evolución mantenidos con mis sufridos pastores, Sixto Paredes y Samuel Vila, quienes descansan en el Señor desde hace años. Ellos me conducían con paciencia por los versículos del Génesis, mientras yo les espetaba la selección natural del señor Darwin, recién aprendida en las aulas de ciencias naturales. No obstante, aquellas conversaciones apasionadas, lejos de apartarme de la fe, despertaron en mí una sed por conocer mejor los mecanismos de las propuestas evolucionistas para contrastarlas con las verdades reveladas en las Escrituras. Debo confesar que ahí empezó la afición que siempre he tenido por el tema de los orígenes.

Sin embargo, muchos otros perdieron la fe. Este fue el caso, por ejemplo, del abogado norteamericano Lee Strobel, quien en su libro *El caso de la fe,* escribe: «Creo que se puede decir que perdí los últimos restos de mi fe en Dios durante la clase de biología en la escuela secundaria ... cuando por primera vez me enseñaron que la evolución explicaba el origen y el desarrollo de la vida. Las implicaciones fueron claras: la teoría de Charles Darwin eliminó la necesidad de un Creador sobrenatural» (Strobel, 2001: 101). Afortunadamente, muchos años después conoció a Cristo y hoy es pastor de una iglesia en California. En esta misma obra menciona experiencias similares ocurridas a otras personas.

El ateísmo que profesan en la actualidad tantas criaturas, sobre todo en mi país natal, España, se debe en buena medida a la formación secular que han recibido, íntimamente ligada a la teoría de la evolución y a una pretendida neutralidad religiosa. Esta situación se refleja bien en escritos como los del biólogo español, Javier Sampedro, quien se confiesa «ateo impenitente» y en su reciente libro, *Deconstruyendo a Darwin*, dice entre otras muchas cosas que el padre de la evolución acabó «con una superstición tan antigua como la propia humanidad: la de creer que Dios existe ... Si quieren loar a la persona que mató a Dios no busquen en el entorno de Nietzsche. Pidan la lista de los pasajeros del *H.M.S. Beagle* [*el barco de Darwin*]» (Sampedro, 2002: 23). ¿Cómo es posible que hoy, en pleno siglo XXI y ante los nuevos descubrimientos científicos, se continúen manteniendo ideas tan alejadas de la evidencia?

Es cierto, como enseña la Biblia, que el corazón se entenebrece cuando se deja guiar por razonamientos inútiles e insensatos. Si en los días de Darwin muchos creyeron que su teoría hacía innecesario a Dios, hoy ya no es posible seguir manteniendo esta postura. En la actualidad se sabe, como veremos más adelante, que la selección natural es incapaz de explicar el origen de la vida y la sofisticada complejidad de los organismos. No obstante, hay personas que no desean creer en la realidad de un Creador y siguen aferrándose a la idea de que debe existir alguna explicación lógica, todavía por descubrir, que elimine la necesidad de Dios. Desde luego, quienes así piensan son libres de hacerlo, pero que no recurran a la ciencia para apoyar su incredulidad. Las últimas revelaciones científicas confirman más bien todo lo contrario. Este mundo evidencia por todas partes una inteligencia creadora que lo proyectó con esmero y sabiduría. El diseño natural insinúa a Dios.

Entre los pensadores agnósticos hay quienes afirman que si la selección natural de Darwin mató a Dios, los descubrimientos de la ciencia actual parecen resucitarlo. Aunque para los creyentes tales afirmaciones resulten absurdas e incluso blasfemas, (¡cómo podría el ser humano matar a Dios!) lo cierto es que la segunda parte de esta idea da de lleno en el blanco. El orden natural del universo, así como las capacidades intelectuales del ser humano, que hacen posible la ciencia o la solución de los misterios que esta revela poco a poco, apuntan hacia la existencia de un Creador capaz de diseñar el mundo con esmero y de esconder su enigmático plan en las entrañas de la materia y la vida.

Pero, si se acepta tal evidencia, surgen inmediatamente cuestiones de carácter metafísico. ¿Por qué crear? ¿Qué necesidad tenía Dios de su creación? ¿Cuál es el sentido último de la misma? ¿Sería lógico esperar que el Creador intentara comunicarse con el ser consciente por excelencia de su obra para manifestarle su voluntad? A estas preguntas solo es posible responder de manera adecuada desde la reflexión teológica. No obstante, el sentido común puede también resultar muy útil.

Por ejemplo, si se compara la tarea creadora original con aquello que realizan los artistas humanos en la Tierra, es posible plantearse: ¿Por qué crean los pintores? ¿Cuál es la motivación que llevó, por ejemplo, al florentino Leonardo de Vinci a plasmar en un lienzo su magnífica *Gioconda*? ¿O a Rafael a pintar el famoso fresco de *La escuela de Atenas*, mediante el que intentaba hermanar el saber antiguo con la revelación cristiana?

Todo artista ofrece parte de sí mismo en su obra. De alguna manera, se da al espectador. Su pintura, si es buena, constituye un auténtico regalo para la humanidad. Lo mismo ocurre con la escultura, arquitectura, poesía, literatura, música y todas aquellas artes producidas por la inspiración y el espíritu del ser humano. La historia del arte es como un maravilloso mosaico de tales donaciones personales.

Pues bien, la creación del universo puede entenderse también de la misma manera como un inmenso regalo del Creador. Pero un regalo infinitamente superior a cualquier ejemplo posible, ya que el artista supremo elaboró la obra más compleja e importante que se pueda imaginar, no solo el universo sino, sobre todo, la criatura humana. La creación del cosmos es pues el recurso por medio del cual Dios se dio a sí mismo en una auto-revelación especial. El Creador creó creadores inteligentes para que continuaran con su labor.

Si Dios hubiera diseñado un plan determinista y perfectamente fijado, como se creía en el Renacimiento, el hombre no podría ser libre ni el cosmos funcionaría como lo hace. Sin embargo, proyectó un mundo complejo, repleto de información, con la capacidad de cambiar dentro de ciertos márgenes, de adaptarse a las circunstancias adversas y, a la vez, orientado por una finalidad que él conoce bien. Porque Dios es libre, creó por amor un universo también libre, y al ser humano con capacidad para amar y disfrutar del libre albedrío.

Cuando se observan las obras de Gauguin, Velázquez, El Greco, Van Gogh, Picasso o Miró es fácil determinar quién fue el autor de tal o cual cuadro, pues cada uno de estos artistas tenía su propio estilo pictórico singular y perfectamente distinguible de los demás. Por poco que se sepa de arte, no es posible confundir un Picasso con un Van Gogh. De la misma manera, el acto creador de los orígenes lleva la firma inconfundible de su autor divino.

Al investigar el mundo creado por Dios, los científicos están desvelando el pensamiento racional de la divinidad. Aunque no todos estén conscientes de ello, lo cierto es que el descubrimiento del plan cósmico, así como de la tremenda diversidad natural que impide, por ejemplo, la existencia de dos rostros humanos idénticos o de dos árboles absolutamente iguales, son evidencias que reflejan el carácter especial del Creador, las huellas de una mente sabia que gusta de la variedad.

Dios es la causa primera increada, que actúa en el universo mediante el concurso de las causas segundas o creadas por él. El acto creador dotó a cada criatura con propiedades naturales para sobrevivir y adecuarse al ambiente del planeta. La evidencia del diseño inteligente conduce a creer que el mundo no se sostiene por sí mismo, como afirma el deísmo, sino que requiere continuamente del Creador para sustentarlo y conservarlo. Dios opera a través de sus constantes y, a la vez, otorga libertad a sus criaturas para variar y adaptarse a un cosmos cambiante.

Pero esto no significa que él no pueda actuar en su universo cuando lo desee, alterando si es necesario las leyes naturales para cumplir sus propósitos, ya que la acción de Dios se encuentra en un nivel superior y diferente al de las causas segundas. Si el Creador no pudiera modificar su creación no sería Dios. Sin embargo, lo que ocurre habitualmente es que respeta y estimula las causas naturales que han sido creadas por él mismo. De manera que todas las transformaciones que se aprecian en el universo material, el dinamismo de la naturaleza, los ritmos y cambios cósmicos, son procesos naturales pero también consecuencias de la acción de Dios, ya que él continúa actuando en el mundo.

En resumen, al crear, Dios se dio a sí mismo en un acto universal de amor. Por tanto, no es el Creador quien necesita de su creación, como pregonaban las antiguas religiones paganas, sino es esta quien requiere de él. Es aquello mismo que escribe el apóstol Juan: «Nosotros amamos a Dios porque él nos amó primero» (1 Juan 4:19). Y si el proyecto de crear y amar fue suyo, ¿se podría imaginar que tal iniciativa divina careciera de propósito? ¿Sería lógico pensar que Dios creó el cosmos para después abandonarlo a su suerte o desentenderse alegremente de él? ¡Por supuesto que no!

El mensaje de la Biblia responde claramente a tales cuestiones. El Creador es el Dios de amor que se preocupa de sus criaturas hasta el extremo paradójico de colgar desangrado en una cruz romana. La creación del mundo y la redención de la humanidad llevada a cabo en la persona de Jesucristo constituyen los dos pilares en que se apoya el mensaje de Dios al ser humano. La revelación general se hace evidente en la creación, cuyo rastro nos muestra el gran Libro de la Naturaleza, mientras que la revelación especial nos llega con la redención relatada en el Libro de las Escrituras. Estas son las dos claves que abrigan nuestra esperanza y nos permiten entender los planes del Creador.

En este trabajo se estudia el darwinismo y, en general, la teoría de la evolución frente a los nuevos descubrimientos de la ciencia. La conclusión a la que se llega es la de reconocer que los últimos hallazgos desmienten las afirmaciones fundamentales del transformismo y lo colocan en una situación de descrédito. La tremenda complejidad del átomo, unida a la del mensaje contenido en el ADN y el código genético que posee cada célula viva, permiten afirmar que Darwin no mató a Dios —como algunos piensan— sino que, muy al contrario, Dios fue quien planificó el mundo y lo sigue sustentando con su infinita sabiduría.

1
ORIGEN DEL DARWINISMO

> *La producción de los animales superiores, resulta directamente de la guerra de la naturaleza, del hambre y de la muerte.*
>
> DARWIN, *El origen de las especies* (1980: 479)

La teoría de la evolución de las especies que elaboró Darwin en el siglo XIX y ha conseguido llegar, más o menos modificada, hasta nuestros días, se puede resumir mediante una sola idea: todos los seres vivos del planeta Tierra, con su maravillosa diversidad, provienen de una o unas pocas formas simples. El famoso naturalista inglés fue consciente desde el principio de que su particular ocurrencia chocaba frontalmente contra la doctrina cristiana de la creación y contra el argumento del diseño inteligente que en su época eran generalmente aceptados. Quizá por eso tardó tanto —una veintena de años— en decidirse a publicar *El origen de las especies*. Hasta entonces se creía que las plantas y los animales no cambiaban significativamente a lo largo del tiempo. La sardina siempre había sido sardina, el perro, perro y el caballo, caballo desde que salieron de las manos del Creador. Las especies eran consideradas como entidades estables, fijas o inmutables porque así habían sido diseñadas para funcionar de forma adecuada en el entorno en el que vivían.

No obstante, Darwin se interesó siempre por los resultados que obtenían los agricultores y ganaderos con los cruces realizados entre plantas y animales domésticos respectivamente. Cuando se tomaban los granos de las mayores espigas de una cosecha y se plantaban para obtener la siguiente, el trigo mejoraba con cada generación. Lo mismo ocurría al cruzar entre sí los mejores ejemplares de cualquier rebaño. Esta selección artificial llevada a cabo de manera inteligente por el hombre le hizo reflexionar y preguntarse por qué no podría darse también en la naturaleza un proceso parecido, pero sin la intervención humana. El concepto principal de su teoría, la selección natural, se gestó así a partir de la observación de quienes mejoraban los cultivos y el ganado.

La cuestión era determinar qué podría sustituir a la acción humana y guiar todo este proceso en el mundo salvaje. Darwin se imaginó que tal fuerza invisible era ni más ni menos la falta de alimento. El hambre era el secreto de la selección natural. Como los recursos ofrecidos por la naturaleza son limitados y las especies biológicas se reproducen desenfrenadamente, muchos individuos mueren de inanición mientras algunos consiguen sobrevivir y reproducirse, transmitiendo así sus cualidades a la siguiente generación.

Por tanto, los ingredientes de su teoría estaban ya disponibles. Cada especie cambiaba gradualmente hasta dividirse en dos o más especies nuevas, y el motor de tal cambio era la selección natural creada por el hambre. ¡El hombre se sustituye por el hambre! La selección natural es a la artificial lo que el hambre es al hombre. La escasez de alimento sería como el ganadero que selecciona a sus mejores ovejas. ¡Que notable descubrimiento! ¡Por qué no se le habría ocurrido antes! Las admirables adaptaciones de los seres vivos a su medio ambiente quedaban así explicadas sin necesidad de apelar al diseño de un Creador inteligente. Las alas que vuelan, las aletas nadadoras, los pulmones capaces de respirar aire y hasta los cerebros pensantes o las conciencias humanas eran solo el fruto de la pobreza y escasez de alimento. Darwin creía acabar así de un plumazo con la necesidad de Dios. Como algunos reconocieron en su momento y otros intentan sostener de manera absurda e inconsecuente todavía hoy, parecía que Darwin hubiera matado a Dios.

No cabe duda de que las revolucionarias ideas del naturalista del siglo XIX cambiaron las creencias de millones de criaturas, originaron divisiones en el mundo científico que perduran hasta hoy, y provocaron rupturas en el seno de la iglesia cristiana. La trayectoria personal de Darwin le llevó de ser un simple naturalista aficionado a convertirse en un investigador meticuloso y observador, que pudo dedicarse plenamente a esta ocupación gracias a poseer el dinero suficiente para no tener que depender de un trabajo remunerado. Sus intereses científicos fueron tan amplios que se ocupó desde asuntos particulares, como el estudio de las plantas carnívoras, las lombrices de tierra o los fósiles de ciertos crustáceos, hasta de temas mucho más generales y abstractos, como la herencia biológica, las variaciones geográficas que experimentaban los seres vivos, el dimorfismo sexual o la selección artificial de los animales domésticos. Puede afirmarse que su pensamiento acerca de la evolución de las especies constituye la síntesis de todas las ideas transformistas que se conocían en la época, pero una síntesis que las interpretaba a través del filtro de la lucha por la existencia y de la supervivencia del más apto.

¿Por qué tardó tanto tiempo en hacer públicas sus conclusiones evolucionistas, a las que había llegado desde hacía más de veinte años? ¿Cómo es que se decidió a publicar su polémico libro solo después de recibir el breve manuscrito que le envió Wallace? Algunos biógrafos han señalado que la resistencia de Darwin a publicar su teoría tuvo una base claramente psicopática (Huxley & Kettlewel, 1984: 121). Al parecer, la causa de tal tardanza habría sido el conflicto emocional existente entre él y su padre, Robert, al que reverenciaba, pero por quién sentía también un cierto resentimiento inconsciente.

El padre de Darwin nunca aceptó la idea de la evolución que proponía su hijo. Tampoco su esposa, Emma, comulgó jamás con la teoría de su marido, tan opuesta a los planteamientos creacionistas del Génesis bíblico. El reparo casi patológico de Charles a publicar la obra que le había llevado tantos años se debió probablemente a esta negativa de sus propios familiares y amigos. El profesor de astronomía de la Universidad de California, Timothy Ferris, opina lo siguiente: «Es mucho más probable que Darwin temiese la tormenta que provocarían, como bien sabía, sus ideas. Era un hombre afable, franco y sencillo casi como un niño, habitualmente respetuoso de los puntos de vista de los demás y en absoluto inclinado a la disputa. Sabía que su teoría encendería los ánimos, no solo del clero, sino también de muchos de sus colegas científicos» (Ferris, 1995: 195).

Es posible también que, además de estas razones, la dificultad para dar una explicación convincente de la herencia biológica frenase la publicación de su libro. En la época de Darwin se desconocía en qué consistía el gen y cómo actuaban los mecanismos de la herencia. Cuando años después la genética descubrió la estructura de los genes y su influencia sobre las características de los individuos, así como las mutaciones o los cambios bruscos que estos pueden sufrir, los neodarwinistas reelaboraron la teoría de la evolución en base a ciertas suposiciones que después vamos a comentar.

Darwin no fue nunca amante de la polémica ni de la controversia, y prefirió retirarse para trabajar aislado de los demás. Sin embargo, sus más fervientes partidarios, el biólogo inglés Thomas Huxley y el alemán Ernst Haeckel, fueron en realidad quienes se encargaron de polemizar y difundir estas ideas evolucionistas.

Fig. 1. De izquierda a derecha y de arriba abajo: Erasmus Darwin (1731-1802), Charles Darwin (1809-1882), Alfred R. Wallace (1823-1913), Thomas H. Huxley (1825-1895), Ernst Haeckel (1834-1919) y Julian Huxley (1887-1975).

Es famoso el debate público celebrado en Oxford, en 1860, sostenido en una reunión de la *British Association*. El obispo Wilberforce, en medio del acaloramiento de su discurso, le pregunto irónicamente a Huxley si se consideraba heredero del mono por línea paterna o materna, a lo que este replicó que prefería tener por antepasado a un pobre mono que a un hombre magníficamente dotado por la naturaleza, pero que empleaba aquellos dones para ridiculizar a los que buscaban humildemente la verdad. Se dice que en medio de la conmoción general una señora se desmayó, mientras Huxley continuó rebatiendo los argumentos del obispo hasta que este dejó de responder.

Así comenzó la batalla entre partidarios y detractores de la evolución. Darwin, en su obra *El origen del hombre*, afirmó que probablemente todos los seres humanos descendían de un antepasado común. No de un mono como los actuales, sino de alguna especie de primate que en algún momento habría vivido en el continente africano. Muchos científicos empezaron a creer en la idea de que el hombre había aparecido de forma gradual por medios exclusivamente naturales y a rechazar que descendiera de una sola pareja creada por Dios hacía solo unos pocos miles de años.

Lo que desde siempre se había atribuido al diseño divino y a la providencia, ahora se hacía depender de otra clase de divinidad: la naturaleza y su mecanismo de selección natural. Darwin manifestó: «Cuanto más estudio la naturaleza, más me impresionan sus mecanismos y bellas adaptaciones; aunque las diferencias se produzcan de forma ligera y gradual, en muchos aspectos ... superan con gran margen los mecanismos y adaptaciones que puede inventar la imaginación humana más exuberante». Es decir, aquello que parece maravilloso ha podido ser originado por la selección lenta y ciega de la naturaleza. En esto consistía la fe darwinista. La gran paradoja de tal mecanismo natural sería que podría producir un grado muy elevado de improbabilidad. Lo que parece imposible, como por ejemplo la aparición del cerebro humano por azar, se haría posible gracias a la evolución gradualista. Todo, menos diseño inteligente. Dios era así sustituido por la naturaleza, y dejaba por tanto de ser necesario.

Igualmente se manifestó en este mismo sentido sir Julian Huxley: «Para cualquier persona inteligente resultaba claro que las conclusiones generales de Darwin eran incompatibles con la doctrina cristiana entonces en boga sobre la creación, sobre el origen del hombre a partir de la única pareja de Adán y Eva, sobre la caída, y sobre la escala temporal de los hechos planetarios y humanos» (Huxley & Kettlewel, 1984: 134). El mito del evolucionismo intentaba robarle a Dios el papel de Creador del universo y de la vida y Darwin estaba plenamente consciente de ello.

La vuelta al mundo en un barco llamado *H. M. S. Beagle*

Charles Darwin nació en Shrewsbury el 12 de febrero de 1809. Su padre, Robert Waring Darwin, ejercía con éxito la medicina en esa ciudad. El pequeño Charles siempre quiso mucho a su padre, pero a la vez se sentía cohibido delante de él. A su abuelo, Erasmus Darwin, que también había sido un hombre de ciencia y miembro de la *Royal Society*, no le llegó a conocer. La madre de Charles, Sussanah, murió también cuando él solo contaba con ocho años de edad. A pesar de ello fueron una familia muy unida, formada por el padre, cuatro hijas y dos hijos.

Desde sus años de colegial, Darwin, como muchos niños de su edad, manifestó una gran afición por el coleccionismo. Guardaba toda clase de conchas, minerales, insectos, sellos y monedas. A los nueve años ingresó en la escuela del doctor Butler. Más tarde escribió que lo único que se enseñaba allí era geografía antigua y algo de historia. En aquella época él prefería la poesía, así como los libros de viajes y de pájaros. Su afición por los experimentos científicos se satisfacía mediante las demostraciones que le hacía su tío, el padre de Francis Galton, acerca del funcionamiento de instrumentos físicos, como el barómetro o las reacciones químicas, los cuales realizaban en un viejo almacén de herramientas con su hermano mayor.

A los dieciséis años, Darwin ingresó en la Universidad de Edimburgo. Su padre quiso que estudiara la misma carrera que él ejercía y la que también estudiaba su hijo mayor Erasmus. Sin embargo, esta no era la vocación de Charles ni tampoco la de su hermano. Ambos abandonaron los estudios, frustrando así el deseo paterno de tener un hijo médico que le sucediera. Ante el fracaso de Edimburgo, el padre decidió que Darwin debía ingresar en la Universidad de Cambridge para estudiar teología. Todo menos permitir que su hijo se convirtiera en un hombre aficionado a los deportes y un ocioso. De manera que a los diecinueve años cambió los estudios de medicina por la Teología Natural, de William Paley.

Bastante tiempo después escribió: «Por entonces no dudaba lo más mínimo de la verdad estricta y literal de todas y cada una de las palabras de la Biblia, pronto me convencí de que nuestro Credo debía admitirse en su integridad» (Huxley & Kettlewel, 1984: 33). No obstante, Darwin prefería la amistad con botánicos y geólogos, se inclinaba más por aprender a disecar aves y mamíferos, o por leer los libros de viajes del geógrafo Humboldt, que por convertirse en un pastor tal como eran los deseos de su padre.

El reverendo John Stevens Henslow, que era profesor de botánica y amigo de Darwin, le escribió una carta en agosto de 1831 informándole de la posibilidad de enrolarse como naturalista en el *Beagle*, un barco con misión cartográfica y científica que iba a dar la vuelta al mundo. Aunque su trabajo en la nave no sería remunerado, a Darwin le entusiasmó la idea y logró convencer a su padre para que le permitiera ir. El *Beagle* zarpó de Inglaterra en diciembre de ese mismo año con un Charles Darwin ilusionado, que todavía no era, ni mucho menos, evolucionista. Aceptó el empleo de naturalista sin tener ningún título en ciencias naturales, aunque se hubiera licenciado en teología, así como en matemática euclidiana y en estudios clásicos.

No obstante, poseía una gran experiencia práctica. Sabía cazar y disecar animales. Era experto en coleccionar rocas, fósiles, insectos y en realizar herbarios. Además su curiosidad y capacidad de observación le conferían unas cualidades idóneas para la labor que debía realizar a bordo del *Beagle*. El capitán del barco, Robert Fitzroy, que era solo cuatro años mayor que Darwin, poseía una personalidad muy fuerte y, a pesar de que a Charles no le gustaba polemizar, llegó a discutir en varias ocasiones con él. El marino defendía vehementemente la esclavitud, mientras Darwin se rebelaba contra aquella denigrante costumbre. Pero la excesiva duración del viaje, «cinco años y dos días», hizo inevitable que llegaran a entenderse.

Fig. 2. El Beagle, *barco en el que Darwin dio la vuelta al mundo.*

Las primeras semanas de navegación supusieron un verdadero infierno para el joven naturalista. Durante la travesía del golfo de Vizcaya, los frecuentes mareos le hicieron el trayecto insoportable. Se ha especulado mucho sobre la salud de Darwin. Es cierto que cuando era un muchacho tenía fama de ser buen corredor y de disfrutar de actividades al aire libre como la caza. Sin embargo, en su etapa de madurez escribió que a los veintidós años creía que sufría una enfermedad cardiaca y que, durante todo el viaje en barco, tuvo periódicas rachas de malestar, cansancio o dolores de cabeza.

Algunos historiadores atribuyeron después estos síntomas a las secuelas de una tripanosomiasis que pudo haber contraído en América del Sur. Esta era la enfermedad de Chagas, endémica de esas regiones y que era causada por un protozoo, un tripanosoma frecuente en los armadillos que Darwin recolectaba y, en ocasiones, consumía. La enfermedad se transmite por un insecto alado parecido a una chinche, la vinchuca, que chupa la sangre del armadillo y puede picar también a los humanos. Años más tarde, en 1849, Darwin escribió que sus problemas de salud le impedían trabajar uno de cada tres días. De manera que sus dolencias pudieron deberse a dicha enfermedad de Chagas o, como se ha especulado también, a una afección psiconeurótica, o a ambas cosas a la vez.

Cuando llegaron a Tenerife, el día 6 de enero de 1832, solo pudieron ver desde lejos el famoso pico volcánico del Teide, ya que el cónsul no les permitió desembarcar en la isla, pues las leyes exigían que los barcos provenientes de Inglaterra permanecieran doce días en cuarentena. Diez días más tarde desembarcaron en el archipiélago de Cabo Verde. La isla de Santiago fue la primera región tropical que Darwin visitó. Después se refirió a esta experiencia con las siguientes palabras: «Volví a la costa, caminando sobre rocas volcánicas, oyendo el canto de pájaros desconocidos y observando nuevos insectos revoloteando alrededor de flores nunca vistas ... Ha sido un día glorioso para mí, como un ciego que recibiera la vista; al principio, se quedaría anonadado ante lo que ve y no le sería fácil entenderlo. Esto es lo que yo siento» (Huxley & Kettlewel, 1984: 50).

Darwin empezó a reflexionar sobre los nuevos organismos que veía y a poner en tela de juicio las concepciones establecidas que hasta entonces se aceptaban. Ya en las tres primeras semanas del viaje, quedó sorprendido al observar la fauna sudamericana y compararla con la de los demás continentes. Los avestruces americanos (ñandúes) le interesaron mucho e incluso llegó a descubrir una segunda especie, que sería descrita por Gould y denominada *Struthio darwinii* en honor suyo. También le llamaron la atención las llamas (guanacos), así como los fósiles de armadillos gigantes que parecían tener relación con las especies vivas de la actualidad.

Cuando Darwin dejó Inglaterra era creacionista y pensaba, como la mayoría de los científicos de su tiempo, que todas las especies animales y vegetales habían sido creadas a la vez y de manera independiente. Pero cuando regresó del viaje, las dudas al respecto se amontonaban en su cabeza. Había visto evidencias de que todo el planeta estaba implicado en un proceso de cambio continuo, y se preguntaba si las especies podían cambiar también y dar lugar a otras nuevas. Buffon (1707-1788) en su *Historia Natural*, y también otros autores, se habían referido ya a al transformismo biológico, que aun reconociendo la fijeza de los seres vivos, admitía la posibilidad de que algunas especies se hubieran desarrollado a partir de un antecesor común.

Darwin conocía perfectamente el libro *Zoonomía*, de su abuelo, Erasmus Darwin, que era una defensa evolucionista de la idea de que todos los seres vivos podían haberse originado a partir de un único antepasado. Había leído asimismo la obra del biólogo francés Jean-Baptiste de Lamarck, en la que se sostenía que los caracteres adquiridos por los individuos de una generación se transmitían a su descendencia. Esto haría posible, por ejemplo, que a las jirafas se les fuera estirando gradualmente el cuello a medida que se esforzaban por alcanzar los brotes más tiernos y más altos de las acacias. Las ideas lamarkistas no prosperaron, pero es indudable que influyeron en Darwin y en la sociedad victoriana, ya que poseían repercusiones morales positivas. Si los padres eran trabajadores y se abstenían de cualquier vicio, sus hijos serían genéticamente más fuertes, podrían trabajar duro y llevarían una vida sana. También estaba familiarizado con el pensamiento sociológico de Herbert Spencer, quien creía que la idea de la evolución era de aplicación universal.

En 1852, unos seis años antes de la aparición de *El origen de las especies*, Spencer había escrito un artículo en el que curiosamente se adelantaba a la teoría de la selección natural de Darwin. En este trabajo, titulado *Una teoría de la población*, afirmaba que lo fundamental del desarrollo de la sociedad humana había sido la lucha por la existencia y el principio de la supervivencia de los más aptos. Según su opinión, el cambio permanente se habría producido tanto en la formación de la Tierra a partir de una masa nebulosa, como en la evolución de las especies, en el crecimiento embrionario de cada animal o en el desarrollo de las sociedades humanas.

En lo que respecta a las diferentes etnias humanas que observó a lo largo de su viaje, Darwin manifestó sus prejuicios sin ningún tipo de escrúpulos. Algunos pasajes de sus libros presentan claras tendencias etnocéntricas. Considera a los demás pueblos desde la óptica de la sociedad europea. Compara los indígenas primitivos con los hombres civilizados y llega a la conclusión de que los primeros no son seres del todo humanos ya que carecen de sentido moral. Por ejemplo, los brasileños no le agradaron, decía que eran «personas detestables y viles», pero los esclavos negros merecieron todo tipo de alabanzas.

Los nativos de Tierra de Fuego resultaron ser para él individuos poco fiables, refiriéndose a ellos dijo: «Nunca me había imaginado la enorme diferencia entre el hombre salvaje y el hombre civilizado ... Su lengua no merece considerarse ni siquiera como articulada. El capitán Cook dice que cuando hablan parece como si estuvieran aclarándose la garganta ... Creo que aunque se recorriera el mundo entero, no aparecerían hombres inferiores a estos» (Huxley & Kettlewel, 1984: 61).

Tampoco le causaron buena impresión los maoríes de Nueva Zelanda, que le parecieron también sucios y granujas, en contraste con los tahitianos que le habían causado muy buena impresión. Estaba convencido de que con solo mirar la expresión de sus rostros era posible determinar que los primeros eran un pueblo salvaje, ya que la ferocidad de su carácter les iba deformando progresivamente el rostro y les daba unos rasgos agresivos, mientras que los habitantes de Tahití formaban comunidades de personas pacíficas y civilizadas.

Al llegar al archipiélago de las Galápagos y conocer los animales que lo poblaban, quedó fascinado. Cada isla estaba habitada por una variedad diferente de pinzones que él supuso descendientes de un antepasado común que habría emigrado del continente americano. Sus observaciones le llevaron a constatar que en una misma isla existían especies diferentes de estas aves, cada una de las cuales estaba adaptada a un tipo particular de alimento. Unas comían insectos y presentaban picos delgados, mientras que otras eran capaces de romper ciertas semillas y nueces con sus robustos picos.

Refiriéndose a estas singulares islas escribió: «Cuando veo estas islas, próximas entre sí, y habitadas por una escasa muestra de animales, entre los que se encuentran estos pájaros de estructura muy semejante y que ocupan un mismo lugar en la naturaleza, debo sospechar que solo son variedades ... Si hay alguna base, por pequeña que sea, para estas afirmaciones, sería muy interesante examinar la zoología de los archipiélagos, pues tales hechos echarían por tierra la estabilidad de las especies» (Huxley & Kettlewel, 1984: 85).

Pinzones de Darwin

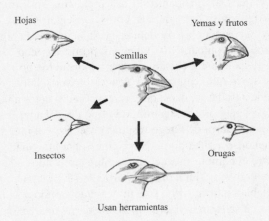

Hojas

Yemas y frutos

Semillas

Insectos

Orugas

Usan herramientas

Fig.3. Los pinzones de las islas Galápagos sorprendieron a Darwin porque a pesar del parecido externo, su pico estaba adaptado a alimentos diferentes.

Fue en este periodo de cuatro semanas que pasó en las islas Galápagos en el que comenzó a cambiar de ideas y a gestar la teoría de la transformación evolutiva de las especies. Podemos decir que constituye el período más decisivo de su vida. Igualmente fueron importantes las observaciones de los organismos de Australia, con animales tan extraños si se los compara con los del resto del mundo como el ornitorrinco, el equidna y los marsupiales. Los mismos supusieron para Darwin otros tantos argumentos en favor de los planteamientos evolucionistas. «La desemejanza entre los habitantes de regiones diferentes puede atribuirse a la modificación mediante variación y selección natural, y probablemente, en menor grado, a la influencia directa de condiciones físicas diferentes» (Darwin, 1980: 372).

El 2 de octubre de 1836 el *Beagle* amarró por fin, después de tan largo periplo, en el puerto inglés de Falmouth. Darwin tenía tantas ganas de ver a su familia que no perdió ni un minuto. Tomó el primer coche hacia Shrewsbury, a donde arribó dos días después. Se presentó en su casa sin avisar, en el preciso momento en que su padre y sus hermanas se sentaban a desayunar. En medio de la alegría familiar y el caluroso recibimiento, el padre se volvió hacia sus hijas y les dijo: «Sí, la forma de su cabeza ha cambiado por completo.» Pero, en realidad, seguramente no estaba completamente consciente de todo lo que en realidad había cambiado dentro de su cabeza, de las ideas gestadas en la cabeza de su hijo.

Después del feliz reencuentro con su familia, pasó tres meses en Cambridge, relacionándose con profesores de la universidad, hasta que finalmente se instaló en Londres. Allí clasificó, con la ayuda de otros especialistas, las inmensas colecciones que había recogido durante el viaje y que fueron publicadas en la obra *Zoología del viaje del «Beagle»*. Al poco tiempo escribió también su famoso *Diario de investigaciones*, que tuvo gran éxito.

Entre 1842 y 1846, una vez que terminó con todo el trabajo anterior, al que estaba obligado como naturalista de la expedición, escribió y publicó otros tres libros importantes: *Arrecifes de coral, Islas volcánicas* y *Observaciones geológicas sobre Sudamérica*. Sus investigaciones geológicas tuvieron un mal principio. En 1839 publicó un estudio acerca de unas extrañas «sendas paralelas» que podían observarse en la ladera de una montaña de Glen Roy, en Escocia. Llegó a la conclusión de que eran antiguas playas marinas formadas a consecuencia del hundimiento de la tierra.

El ferviente defensor del darwinismo, Julian Huxley, lo explica así: «Fue esta una de las pocas ocasiones en que las conclusiones científicas de Darwin resultaron totalmente erróneas; en realidad, aquellas sendas habían sido originalmente playas de un lago glacial represado. Su desilusión debió obligarle a ser sumamente cauto en la publicación de sus obras posteriores. Desde luego, su imprudencia le enseñó una lección: nunca volvería a extraer conclusiones antes de contrastarlas con gran número de datos recogidos a tal fin» (Huxley & Kettlewel, 1984: 97).

Fue por su interés en los estudios geológicos que entró en contacto con famosos científicos ingleses, entre los que se destaca Charles Lyell, geólogo que sostenía su teoría del uniformitarismo o del actualismo, afirmando que el presente es la clave del pasado. Es decir, que el estudio de los procesos geológicos actuales constituye un medio para interpretar los acontecimientos que ocurrieron en el pasado. Darwin aceptó estas ideas, y no solo eso, sino que las fusionó con su principio de la selección natural. En su opinión los cambios geológicos progresivos afectaban también al conjunto de los fenómenos biológicos.

A través de la lectura de un libro aparentemente con poca relación con todos los estudios anteriores, Darwin descubrió la idea que durante tanto tiempo había estado buscando, la selección natural. Era el libro del economista británico Thomas Robert Malthus (1776-1834), *Ensayo sobre el principio de la población*.

Malthus decía que las poblaciones tendían a crecer en proporción geométrica si nada se lo impedía. Esto fue la clave para que Darwin pensara en un mecanismo que llevaba a la conservación de las variaciones más adecuadas para sobrevivir y a la desaparición de aquellas otras que eran menos aptas para la vida. Esta debía ser la solución, la naturaleza favorecía la supervivencia de las especies más adaptadas al entorno y eliminaba sin contemplaciones a los débiles e inadaptados. Tal selección era como una misteriosa fuerza que obligaba a todos los seres vivos a penetrar en los huecos que dejaba la economía de la naturaleza. Desde principios del otoño de 1838, Darwin dedicó el resto de su vida a demostrar que la selección natural era el motor de la teoría de la evolución de las especies.

El 11 de noviembre de 1838, Darwin pidió la mano de Emma, quien dos meses después se convertiría en su esposa. Su matrimonio resultó muy afortunado. En diciembre del año siguiente nació el primero de los diez hijos que tuvieron. La paternidad le permitió a Charles estudiar la conducta humana y las emociones, realizando experimentos y observaciones en sus propios hijos.

Darwin llevaba casi veinte años recopilando información que confirmara su teoría de la evolución, pero frecuentemente emprendía otros estudios que le impedían terminar su obra principal. No obstante, el 14 de mayo de 1856, animado por su amigo Hooker y por Lyell, empezó a redactar una obra definitiva sobre el tema que se titularía *La selección natural* y sería un trabajo monumental de dos mil quinientas páginas. Pero dos años después, cuando terminaba el décimo capítulo, recibió una carta inesperada de un tal Alfred Russel Wallace, un joven naturalista residente en las islas Molucas, quien había llegado por su cuenta a las mismas conclusiones que Charles. El ensayo se titulaba *Sobre la tendencia de las variedades a apartarse indefinidamente del tipo original*. En pocas hojas explicaba perfectamente la teoría de la evolución por selección natural que tantos años había ocupado a Darwin. Además le pedía su opinión y su ayuda para poder publicarlo. Esa misma tarde escribió a Lyell contándole aquella coincidencia tan notable y diciéndole que estaba dispuesto a quemar su libro antes que Wallace u otros pudieran pensar que se había comportado con espíritu mezquino.

La primera reacción de Darwin fue pues, renunciar a la publicación de su propia obra y cederle todo el mérito a Wallace. Pero Lyell y Hooker le convencieron para que se hiciese público un anuncio conjunto de las conclusiones de los dos autores, escribiendo él después un libro más breve de lo que pensaba, para publicarlo en el plazo de un año. Así nació, después de trece meses de redacción *El origen de las especies mediante la selección natural*. La obra se publicó por primera vez en 1859 y tuvo un éxito absoluto, ya que la primera edición, que contaba con algo más de mil ejemplares, se agotó el mismo día de su aparición. La carta de Wallace fue como un revulsivo que acabó con los temores de Darwin a publicar su teoría, y los libros se fueron sucediendo uno tras otro. El mérito de su trabajo consistió en aportar un gran número de observaciones de campo a su teoría de la selección natural que, según él, explicaba definitivamente la evolución biológica. El éxito de su obra estuvo también en el hecho de haber presentado tales ideas en el preciso momento en que la visión romántica del progreso estaba de moda y parecía indestructible.

Fig.4. De derecha a izquierda y de arriba abajo:Georges Louis Leclerc Comte de Buffon (1707-1788);Jean-Baptiste Lamarck (1744-1829); Thomas Malthus (1766-1834);Charles Lyell (1797-1875);Sir William Jackson Hooker (1785-1865) y Herbert Spencer (1820-1903).

Por lo que respecta a sus convicciones filosóficas o religiosas, conviene señalar que las expresó casi siempre en privado, en cartas personales a los amigos, que no fueron escritas pensando en que después se publicarían. A pesar de haber estudiado teología en su juventud, a Darwin no le gustaba hablar de estos temas. Seguramente, la manifiesta convicción cristiana de sus más íntimos familiares, así como el ambiente religioso general de la Inglaterra victoriana, le hacían sentirse cohibido para confesar públicamente su falta de fe. Sin embargo, en una de estas cartas escrita hacia el final de su vida, respondió: «Pero, puesto que me lo preguntáis, puedo aseguraros que mi juicio sufre a menudo fluctuaciones ... En mis mayores oscilaciones, no he llegado nunca al ateísmo, en el verdadero sentido de la palabra, es decir, a negar la existencia de Dios. Yo pienso que, en general (y sobre todo a medida que envejezco), la descripción más exacta de mi estado de espíritu es la del agnóstico» (Abbagnano, 1982: 3, 284).

En cuanto al problema del mal en el mundo, en su obra *Recuerdos del desarrollo de mis ideas y de mi carácter*, escribió también: «Nadie discute que existe mucho sufrimiento en el mundo. Algunos han intentado explicarlo con relación al hombre mediante la suposición de que esto mejoraría su moral. Pero el número de personas en todo el mundo no es nada comparado con todos los demás seres sensitivos, y estos muchas veces sufren considerablemente sin ninguna mejoría moral. Un ser tan poderoso y sabio como un Dios que pudiera crear el universo, parece omnipotente y omnisciente a nuestra mente limitada, y la suposición de que la benevolencia de Dios no es limitada, es rechazada por nuestra conciencia, porque ¿qué ventaja podría significar el sufrimiento de millones de animales primitivos en un tiempo casi interminable? Este argumento tan viejo de la existencia del sufrimiento contra la existencia de una Primera Causa inteligente, me parece que tiene peso; aunque, como acabo de comentar, la presencia de mucho sufrimiento coincide bien con el punto de vista de que todos los seres orgánicos fueron desarrollados por variación y selección natural» (Darwin, 1983a: 80).

El 19 de abril de 1882 Darwin falleció de un ataque al corazón cuando tenía setenta y tres años. Fue enterrado en la abadía de Westminster y entre los que llevaron su féretro había tres destacados biólogos amigos suyos, Huxley, Hooker y Wallace. El nieto del primero, el naturalista ateo sir Julian Huxley, escribió al final de su biografía sobre Darwin las siguientes palabras: «De esta manera acabaron unidos los dos mayores científicos de la historia de Inglaterra: Newton, que había acabado con los milagros en el mundo físico y había reducido a Dios al papel de un Creador del cosmos que el día de la creación había puesto en marcha el mecanismo del universo, sometido a las leyes inevitables de la naturaleza; y Darwin, que había acabado no solo con los milagros sino también con la creación, despojando a Dios de su papel de creador del hombre, y al hombre, de su origen divino.» (Huxley & Kettlewel, 1984: 194) Esto es lo que todavía hoy quieren creer algunos.

2
EL FIN
DE UN MITO

L a teoría que Darwin propuso, según vimos, constaba de tres premisas y una conclusión. La primera se refería a «la variación existente en los seres vivos». Cada individuo, fuera de la especie que fuera, presentaba unas variaciones propias que lo distinguían del resto de sus congéneres. Hoy diríamos que la estructura genética de cada organismo es individual y distinta a la de los demás. Precisamente estas diferencias individuales eran las que utilizaban los agricultores y ganaderos para formar razas o variedades concretas que eran diferentes al tipo original.

La segunda premisa darwinista afirmaba que «todas las especies eran capaces de engendrar más descendientes de los que el medio podía sustentar». No todas las crías llegaban a adultas. Muchas eran devoradas por los depredadores o eliminadas por la escasez de alimento. Darwin halló un mecanismo natural que actuaba entre la ilimitada fecundidad de los seres vivos y los limitados recursos disponibles para alimentarlos. Tal mecanismo debía actuar eliminando la mayoría de las variaciones y conservando solo aquellas de los individuos que sobrevivían y lograban reproducirse.

Esto le llevó a formular su tercera premisa: el misterioso mecanismo era lo que Darwin llamó la «selección natural». Las diferencias entre los individuos unidas a las presiones del ambiente provocaban que unos sobrevivieran lo suficiente como para dejar descendientes, mientras que otros desaparecieran prematuramente sin haber tenido hijos. En este proceso siempre perdurarían los más aptos, no por ser superiores, sino por estar mejor adaptados a su ambiente. Cuando las condiciones de este cambiaran, entonces serían otros con diferentes características los herederos del futuro. Por tanto, la conclusión a la que llegó Darwin era que la selección natural constituía la causa que originaba nuevas especies.

El cambio evolutivo que provocaba la aparición de nuevos organismos debía ser lento y gradual, ya que dependía de las transformaciones geológicas ocurridas a lo largo de millones de años. Unas especies se extinguían mientras otras surgían de manera incesante. Como se ha señalado antes, en aquella época no se conocían los mecanismos de la herencia. Solo después de más de cincuenta años de investigación se pudo disponer de una teoría satisfactoria sobre la herencia y conocer la existencia de las mutaciones en los genes. En su tiempo, y con sus limitados conocimientos, Darwin estaba consciente de que a la teoría de la evolución le faltaba algo importante, e intentó explicar los fenómenos hereditarios mediante unas hipotéticas partículas que procedían de los distintos tejidos del organismo y eran transportadas a través de la sangre hasta los órganos reproductores o allí donde fueran necesarias, era la teoría de la pangénesis, que Darwin presentó hacia el final de sus días, y que resultó ser un planteamiento totalmente equivocado. Hoy se sabe que la teoría de la pangénesis no era cierta, pero el mérito de Darwin, según sus más fervientes seguidores, los neodarwinistas, consistió en aferrarse a la selección natural y rechazar los principios del lamarkismo.

Nace un segundo mito: el darwinismo social

No todos los pensadores y hombres de ciencia de la época estuvieron de acuerdo con las ideas de Darwin, sino que más bien estas dividieron a la intelectualidad. No solo se le opusieron la mayoría de los líderes religiosos sino también prestigiosos hombres de ciencia, como el zoólogo Phillip Gosse, que se mantuvo siempre en el creacionismo; el profesor de geología Adam Sedgwick, quien le censuró por haber abandonado el método científico de la inducción baconiana; el prestigioso paleontólogo y especialista en anatomía comparada Richard Owen, que era discípulo del gran científico francés Georges Cuvier, padre de esas mismas materias y enemigo declarado del transformismo. También en Estados Unidos se levantaron voces contra la teoría de la evolución, como la del naturalista de origen suizo Louis Agassiz, que poseía una gran reputación como zoólogo y geólogo.

Sin embargo, de la misma manera hubo científicos y teólogos relevantes que asumieron el evolucionismo, contribuyendo a su difusión por medio de escritos o a través de sus clases en la universidad. Cabe mencionar aquí al zoólogo Thomas Huxley, al botánico Joseph Hooker y al geólogo Charles Lyell, todos ellos ingleses. Pero también a sociólogos como el ya mencionado Herbert Spencer o teólogos como Charles Kingsley, que era novelista y clérigo de la *Broad Church*. En Alemania, el biólogo Ernst H. Haeckel, profesor de zoología en la Universidad de Jena, se puso también a favor de las ideas de Darwin. Y así progresivamente la teoría de la selección natural se fue difundiendo en todos los países occidentales.

Karl Marx vivía en Londres durante el momento de máxima efervescencia transformista, lo que ha llevado a especular mucho sobre la influencia de la teoría darwiniana de la evolución en su pensamiento. Al parecer Marx sintió siempre una gran admiración por Darwin, hasta el punto de querer dedicarle la traducción inglesa de su obra *El Capital*.

Parece que Darwin, sin embargo, se negó amablemente a tal distinción. Marx se refirió, en varias notas de dicho libro a la opinión de Darwin acerca de ciertos órganos de animales y plantas capaces de poseer diferentes funciones, con el fin de ilustrar su idea de que el rendimiento del trabajo no solo dependía de la habilidad del obrero, sino también de la perfección de las herramientas que este utilizaba (Marx, 1999b:1, 276, 303). El transformismo de Darwin estuvo siempre presente en la ideología marxista. También en Rusia el padre del evolucionismo fue considerado como un héroe nacional, e incluso se construyó en Moscú el famoso Museo Darwin y, en 1959, se acuñó una medalla especial para conmemorar el centenario de la publicación de *El origen de las especies*.

Es lógico que, en un país institucionalmente ateo, quien hiciera innecesaria con su obra la creencia en un Dios Creador fuera tratado como un superhombre. Ahora ya se disponía de un argumento «científico» que apoyaba la idea de que la materia eterna, por si sola, se había transformado dando lugar al universo, la tierra y todos los seres vivos, sin necesidad de apelar a ninguna causa sobrenatural.

Las teorías de Darwin tuvieron, en sus primeros momentos, más influencia en el terreno ideológico que en el puramente científico. Apareció así el llamado «darwinismo social»: el intento de aplicación de los aspectos más crueles de la teoría darwinista a la sociedad humana. Los conceptos de «lucha por la existencia» y de «supervivencia de los mejores» fueron empleados por Herbert Spencer en sus *First Principles* (1862) para decir que el conflicto social y la guerra habían desempeñado un papel positivo en la evolución de las sociedades. El sufrimiento de los pueblos, la lucha armada y el derramamiento de sangre inocente habrían sido fundamentales para el establecimiento de los mayores y más complejos sistemas sociales, sobre todo en los primeros tiempos del desarrollo de la humanidad. Por tanto, según el darwinismo social, el éxito de las sociedades se debería a la supervivencia de los más fuertes. Y tal supervivencia estaría siempre moralmente justificada, independientemente de los medios que se usaran para lograrla.

No hace falta discurrir mucho para darse cuenta de que con este tipo de creencias era posible justificar el racismo, ya que se establecían categorías entre los grupos humanos. Igualmente de estas ideas derivaron otras muchas que influyeron fomentando la guerra, la eugenesia y hasta la ideología nacionalsocialista de individuos como Hitler. La historia se ha encargado de demostrar, por medio de las atrocidades que se produjeron, lo equivocados que estaban quienes creyeron en el darwinismo social.

La concepción de las sociedades humanas adquirió una dimensión completamente diferente desde el momento en que las ciencias sociales asumieron el evolucionismo. Si el hombre descendía de los primates, ¿cómo había podido liberarse de la animalidad, socializarse y llegar a crear una verdadera cultura? Los modelos propuestos hasta el siglo XVIII se tornaron obsoletos y empezaron a buscarse otros nuevos. Los historiadores comenzaron a investigar cuál pudo ser la influencia del entorno sobre los hombres primitivos. Los estudiosos se volcaron en el conocimiento de las costumbres de los diferentes pueblos o grupos étnicos actuales, asumiendo que la etnología proporcionaría el banco de pruebas necesario para descubrir cómo se habría producido la hipotética transición del animal al ser humano. El estudio de la prehistoria comenzó a desarrollarse. Las excavaciones arqueológicas solo aportaban pruebas de los utensilios y las técnicas empleadas por el hombre de la antigüedad. Se establecieron así, sin demasiadas discusiones, las diferencias entre el paleolítico, el neolítico y la edad de los metales.

Sin embargo, con las cuestiones etnológicas las cosas no resultaron tan sencillas. ¿Cómo se habían originado las primeras sociedades humanas? ¿Qué habría motivado la aparición de la cultura? ¿Cuándo surgió la solidaridad territorial? ¿Cuál fue el origen de la familia? ¿Se debería creer que al principio fue el patriarcado, el matriarcado o la promiscuidad sexual? Todas estas cuestiones alimentaron la polémica entre antropólogos y sociólogos durante la mayor parte del siglo XIX. Finalmente, se empezaron a matizar todas las interpretaciones y a reconocer la existencia de una gran variedad de culturas que eran originales y diferentes entre sí. Por tanto, no resultaba posible establecer unas leyes comunes o una única explicación que diera cuenta de todos los hechos. Quienes realizaban trabajos de campo y estudiaban los documentos de primera mano se dieron cuenta de que el evolucionismo no era capaz de interpretarlo todo.

La caja negra de Darwin

No obstante, el darwinismo se ha venido aceptando como verdad científica durante mucho tiempo. Tanto en el ámbito de la ciencia y las humanidades como en el popular, generalmente se ha supuesto que el tema de los orígenes había quedado explicado satisfactoriamente gracias a los planteamientos de Darwin. La selección natural, actuando sobre las variaciones y las mutaciones de los individuos, sería capaz de disolver el enigma de la aparición de la vida y de todas las especies que habitan la tierra.

Esto es lo que se sigue enseñando en la inmensa mayoría de los centros docentes de todo el mundo. Salvo en aquellas pocas escuelas o universidades americanas que incluyen también el creacionismo como alternativa en los programas de sus alumnos. De manera que la mayor parte de los jóvenes estudiantes aprenden hoy a observar el mundo a través del filtro darwinista aunque, de hecho, nadie sea capaz de explicarles cómo pudo la evolución crear los complejos mecanismos y sistemas bioquímicos descritos en sus libros de texto. Porque lo cierto es que comprender cómo funciona algo no es lo mismo que saber cómo llegó a existir.

Cuando Darwin publicó su famosa teoría no se conocía cuál era el motivo por el cual se producían variaciones dentro de una misma especie. No se sabía por qué era posible producir diferentes razas de perros, palomas o guisantes con características diversas, a partir de individuos que carecían de tales rasgos externos. Pero hoy se conocen bien los procesos bioquímicos y genéticos que operan en tales cambios. Por tanto, la cuestión es, ¿resulta posible que las complejas cadenas metabólicas descubiertas por la moderna bioquímica, que se dan en el interior de las células y son capaces de provocar los mecanismos de la herencia, se hubieran podido formar por selección natural, tal como propone el darwinismo? ¿Pueden los dispositivos genéticos que operan en la selección artificial de razas y variedades explicar también la selección natural propuesta por el darwinismo?

En la época de Darwin la célula era un misterio, una especie de «caja negra», según afirma el profesor de bioquímica Michael J. Behe en su espléndido libro que titula precisamente así: *La caja negra de Darwin* (Behe, 1999: 27). Pero en la actualidad, la célula ha dejado de ser un saquito sin apenas nada en su interior para convertirse en una especie de factoría repleta de orgánulos altamente complejos que interactúan entre sí, realizando funciones elegantes y precisas. Resulta que la base de la vida no era tan sencilla como se esperaba. La ciencia que estudia las células ha descubierto que cualquier función de los seres vivos, como la visión, el movimiento celular o la coagulación de la sangre, es tan sofisticada como una computadora o una cámara de video. La alta complejidad de la química de la vida frustra cualquier intento científico que pretenda explicar su origen a partir del azar, la casualidad o la selección natural. Esto se ha empezado a decir ya en voz alta en el mundo de la ciencia.

Behe, el mencionado investigador de la Universidad Lehigh en Pensilvania, lo expresa así: «Ahora que hemos abierto la caja negra de la visión, ya no basta con que una explicación evolucionista de esa facultad tenga en cuenta la estructura anatómica del ojo, como hizo Darwin en el siglo diecinueve (y como hacen hoy los divulgadores de la evolución). Cada uno de los pasos y estructuras anatómicos que Darwin consideraba tan simples implican procesos bioquímicos abrumadoramente complejos que no se pueden eludir con retórica. Los metafóricos saltos darwinianos de elevación en elevación ahora se revelan, en muchos casos, como saltos enormes entre máquinas cuidadosamente diseñadas, distancias que necesitarían un helicóptero para recorrerlas en un viaje. La bioquímica presenta pues a Darwin un reto liliputiense» (Behe, 1999: 41).

El origen de la complejidad de la vida apunta hoy más que nunca, puesto que ya se conoce el funcionamiento de los más íntimos mecanismos biológicos, hacia la creación de la misma por parte de un ente dotado de inteligencia. Descartar la posibilidad de un diseño inteligente es como cerrar los ojos a la intrincada realidad de los seres vivos. Después de un siglo de investigación científica algunos hombres de ciencia se han empezado a dar cuenta de que no se ha progresado apenas nada por la vía darwinista. El evolucionista español Faustino Cordón reconocía que «curiosamente, Darwin, que da un nuevo sentido a la biología, a los cien años de su muerte parece que ha impulsado poco esta ciencia ... ¿A qué se debe esta infecundidad hasta hoy de Darwin y, en cambio, la enorme capacidad incitadora de Mendel, y qué puede suceder en el futuro?» (Huxley & Kettlewel, 1984: 13).

Los problemas que el padre de la teoría de la evolución planteó en su tiempo continúan actualmente sin resolver. Hoy la ciencia sigue sin saber cuál podría ser el mecanismo evolutivo capaz de producir la diversidad del mundo natural. Sería lógico suponer que, ante esta enorme laguna de conocimiento, se publicaran continuamente trabajos sobre biología evolutiva y se diseñaran experimentos para descubrir cómo funciona la evolución. Sin embargo, cuando se analiza la bibliografía al respecto, esta brilla por su ausencia. Casi nadie escribe artículos sobre el darwinismo o sobre la influencia de las ideas de Darwin en la biología actual.

El profesor honorario de la Universidad de la Sorbona, Rémy Chauvin, dice: «¿Qué piensan muchos biólogos de Darwin? Nada. Hablamos muy poco de este tema porque no nos resulta necesario. Es posible estudiar la fisiología animal o vegetal sin que jamás venga al caso Darwin. E incluso en el campo de la ecología, el gran bastión darwinista, existen miles de mecanismos reguladores de la población que pueden ser analizados empíricamente sin necesidad de recurrir a Darwin» (Chauvin, 2000: 38).

Es como si el darwinismo hubiera paralizado la investigación acerca del origen de los seres vivos o sus posibles cambios y, a la vez, resultara irrelevante para las demás disciplinas de la biología. Como si se tratara de una pseudociencia incapaz de generar resultados susceptibles de verificación o refutación. No obstante, a pesar de la esterilidad de esta teoría, resulta curioso comprobar el grado de fanatismo existente en ciertos sectores del mundo científico contemporáneo. Cuando en alguna conferencia para especialistas sale a relucir el tema del darwinismo, es posible pasar de los argumentos a los insultos con la velocidad del rayo. Las pasiones se encienden y las descalificaciones aparecen pronto. Una de tales reuniones científicas fue la que motivó precisamente, según confiesa el prestigioso biólogo Rémy Chauvin, la creación de su obra de reciente aparición: *Darwinismo, el fin de un mito*, cuyo título es suficientemente significativo.

Debate entre evolución y creación

Cuando desde ambientes evolucionistas se hacen alusiones a los partidarios de la creación, generalmente se les acusa de fundamentalismo fanático y anticientífico, ya que si Dios creó de manera inmediata o mediante procesos especiales que actualmente no se dan en la naturaleza, entonces quedaría automáticamente cerrada la puerta a cualquier posible investigación científica del origen de la vida. El creacionismo sería, por tanto, religión, no ciencia.

Sin embargo, la misma crítica puede hacerse al darwinismo. ¿No es este también una forma de religiosidad atea y materialista? En realidad, tampoco se trata de una teoría científica sino metafísica, como señaló acertadamente el filósofo Karl Popper (1977: 230).

La selección natural, que es el corazón del darwinismo, pretende explicar casi todo lo que ocurre en la naturaleza, pero lo cierto es que solo explica unas pocas cosas. Ni la adaptación de los organismos al entorno ni la pretendida selección natural de los mismos son acontecimientos que puedan ser medidos objetivamente, como más adelante se verá. Por tanto, no es posible verificar o desmentir las predicciones del evolucionismo mediante el método científico. Pero para que una teoría pueda ser considerada como científica tiene que ser susceptible de verificación, y el darwinismo no lo es. ¿Qué es entonces? Pues un mito naturalista y transformista que se opone frontalmente a la creencia en un Dios Creador inteligente que intervino activamente en el universo. Aunque se presente como ciencia y se le intente arropar con datos y cifras, en realidad es la antigua filosofía del naturalismo.

Como bien señala Charles Colson: «La batalla real se libra entre visión del mundo y visión del mundo, entre religión y religión. De un lado está la visión naturalista del mundo, declarando que el universo es el producto de fuerzas ciegas y sin fin determinado. Del otro lado está la visión cristiana del mundo, diciéndonos que fuimos creados por un Dios trascendente que nos ama y tiene un propósito para nosotros» (Colson, 1999: 60). La oposición entre darwinistas y antidarwinistas es en el fondo de carácter teológico. Hay que ser sinceros y reconocer que detrás de unos y otros se esconde una ideología de naturaleza religiosa. Es el viejo enfrentamiento entre la incredulidad y la fe en Dios, entre el materialismo y el espiritualismo. De ahí que los debates se vuelvan en ocasiones tan agrios, porque despiertan sentimientos y creencias muy arraigadas.

Esto se comprueba, por ejemplo, en las actitudes de personajes como el biólogo evolucionista Richard Dawkins, uno de los defensores de la sociobiología, quien pregunta siempre a aquellos que desean hablar con él acerca de la evolución: «¿Cree usted en Dios?» Si se le responde con una afirmación, da la espalda a su interlocutor y se marcha de forma grosera. En una entrevista realizada para el periódico *La Vanguardia* en Barcelona (España), al ser interrogado sobre el tema de la religión dijo: «Estoy en contra de la religión porque nos enseña a estar satisfechos con no entender el mundo.» Y acerca de la fe pensaba que «es la gran excusa para evadir la necesidad de pensar y juzgar las pruebas» (27.02.00).

Las especies cambian, pero no tanto

Después de más de un siglo de estudios de campo y de investigaciones ecológicas son muchos los científicos que han llegado a la determinación de que ni la adaptación de las especies al medio ambiente, ni la selección natural, pueden ser medidas de forma satisfactoria, tal como requiere el darwinismo. En este sentido el Dr. Richard E. Laekey admite: «Tanto la adaptación como la selección natural, aunque intuitivamente son fáciles de entender, con frecuencia resultan difíciles de estudiar rigurosamente: su investigación supone no solo relaciones ecológicas muy complicadas, sino también las matemáticas avanzadas de la genética de poblaciones. Los críticos de la selección natural pueden estar en lo cierto al poner en duda su universalidad, pero todavía se desconoce el significado de otros mecanismos, como las mutaciones neutras y la deriva genética» (Darwin, 1994: 49).

A pesar de la gran cantidad de datos que se posee en la actualidad acerca del funcionamiento de los ecosistemas naturales, lo cierto es que el mecanismo de la evolución continúa todavía sumido en la más misteriosa oscuridad. Los ejemplos a los que habitualmente se recurre para ilustrar la selección natural se basan siempre en suposiciones no demostradas o en la confusión entre dos conceptos muy diferentes, el de microevolución y el de macroevolución.

¿Qué es la microevolución? Es verdad que mediante selección artificial los ganaderos han obtenido ovejas con más lana, gallinas que ponen más huevos o caballos bastante más veloces, pero en toda esta manipulación conviene tener en cuenta dos cosas. La primera es que se ha llevado a cabo mediante cruces realizados por criadores inteligentes, y no por el azar o el capricho de la naturaleza. Tanto los agricultores como los ganaderos han usado sus conocimientos previos con una finalidad determinada. Han escogido individuos con ciertas mutaciones o han mezclado otros para conseguir aquello que respondía a sus intereses.

Sin embargo, nada de esto se da en una naturaleza sin propósito. Cuando las razas domesticadas por el hombre se abandonan y pasan al estado silvestre, pronto se pierden sus características adquiridas y revierten al tipo original. La selección natural se manifiesta más bien, en esos casos, como una tendencia conservadora que elimina las modificaciones realizadas por el hombre. Por tanto, la analogía hecha por Darwin entre la selección artificial practicada por el ser humano durante siglos y la selección natural resulta infundada.

La segunda cuestión a tener en cuenta es que la selección artificial no ha producido jamás una nueva especie con características propias que fuera incapaz de reproducirse con la forma original. Esto parece evidenciar que existen límites al grado de variabilidad de las especies. Todas las razas de perros, por ejemplo, provienen mediante selección artificial de un antepasado común. Los criadores han sido capaces de originar variedades morfológicamente tan diferentes entre sí como el chihuahua, que puede llegar a pesar tan solo un kilogramo en estado adulto, y el san Bernardo, que pesa más de ochenta. No obstante, a pesar de las disparidades anatómicas continúan siendo fértiles entre sí y dan lugar a individuos que también son fértiles. El semen de una variedad puede fecundar a los óvulos de la otra y viceversa, porque ambas siguen perteneciendo a la misma especie.

SELECCIÓN ARTIFICIAL

Lobo

Fig.5. Todos los perros actuales se han obtenido a partir del lobo por medio de una selección practicada por el hombre.

Como escribe el eminente zoólogo francés Pierre P. Grassé: «De todo esto se deduce claramente que los perros seleccionados y mantenidos por el hombre en estado doméstico no salen del marco de la especie. Los animales domésticos falsos (animales que se vuelven salvajes) pierden los caracteres imputables a las mutaciones, y con bastante rapidez, adquieren el tipo salvaje original. Se desembarazan de los caracteres seleccionados por el hombre. Lo que muestra ... que la selección natural y la artificial no trabajan en el mismo sentido ... La selección artificial a pesar de su intensa presión (eliminación de todo progenitor que no responda a los criterios de elección) no ha conseguido hacer nacer nuevas especies después de prácticas milenarias. El estudio comparado de los sueros, las hemoglobinas, las proteínas de la sangre, de la interfecundidad, etc., atestigua que las razas permanecen en el mismo cuadro específico. No se trata de una opinión, de una clasificación subjetiva, sino de una realidad medible. Y es que la selección, concreta, reúne las variedades de las que es capaz un genoma, pero no representa un proceso evolutivo innovador» (Grassé, 1977: 158, 159).

Las posibilidades de cambio o transformación de los seres vivos parecen estar limitadas por la variabilidad existente en los cromosomas de cada especie. Cuando después de un determinado número de generaciones se agota tal capacidad de variación, ya no puede surgir nada nuevo. De manera que la microevolución, es decir, la transformación observada dentro de las diversas especies animales y vegetales, no puede explicar los mecanismos que requiere la teoría de la macroevolución o evolución general de la ameba al hombre.

La naturaleza, más o menos dirigida por la intervención humana, es capaz de hacer de un caballo salvaje un pequeño *pony* o un pesado percherón, pero no puede convertir un perro en un oso, o un mono en hombre. Los pequeños pasos de la microevolución permiten que, por ejemplo, un virus como el del SIDA modifique su capa externa para escapar al sistema inmunológico humano, o que determinadas bacterias desarrollen su capacidad defensiva frente a ciertos antibióticos.

La macroevolución, sin embargo, apela a los grandes cambios que, como el salto de una bacteria a una célula con núcleo (eucariota), o el de esta a un organismo pluricelular, requieren procesos que no se observan en la naturaleza. «Mucha gente sigue la proposición darwiniana de que los grandes cambios se pueden descomponer en pasos plausibles y pequeños que se despliegan en largos períodos. No existen, sin embargo, pruebas convincentes que respalden esta postura» (Behe, 1999: 33). Es más, la bioquímica moderna ha descubierto que estos grandes saltos de la macroevolución no se han podido producir por microevolución.

Ante esta situación la única alternativa que le queda al evolucionismo es apelar a las hipotéticas mutaciones beneficiosas que aportarían algo que antes no existía. Sin embargo, lo cierto es que no se sabe si tales mutaciones se producen realmente ni, por supuesto, con qué frecuencia lo hacen. A pesar de todo ello el darwinismo sigue creyendo en ellas porque evidentemente las necesita. Este es quizás el mayor acto de fe del transformismo.

La clasificación contradice la evolución

La ciencia que se ocupa de la clasificación de los seres vivos se llama *sistemática,* y los distintos grupos de organismos que establece se conocen con el nombre de *taxones.* El padre de esta disciplina fue el naturalista sueco del siglo XVIII Carl Linné. Su genial invento, la *nomenclatura binomial,* todavía se sigue utilizando hoy. Linné se propuso catalogar la naturaleza. Para ello dio a cada especie conocida de su tiempo dos nombres latinos o latinizados. El primero de estos nombres representaba el género, se escribía con mayúscula como los nombres propios, y podía agrupar varias especies. El segundo era el específico, iba con minúsculas y se refería a la especie individual.

Si tomamos el ejemplo del perro, vemos que pertenece al género llamado *Canis,* pero este género agrupa a otras especies distintas de los perros, como los chacales (*Canis aureus*) y los coyotes (*Canis latrans*), todas muy parecidas entre sí, pero que en estado natural no suelen cruzarse, y si se les cruza artificialmente sus descendientes híbridos son estériles. En Europa hay otros géneros equivalentes a *Canis,* como *Vulpes,* al que pertenece el zorro común (*Vulpes vulpes*). Estos dos géneros, a su vez, se agrupan bajo la familia *Canidae.* Las familias se agrupan en órdenes. El que abarca a todas las familias sería el orden de los Carnívoros. Los órdenes se unen en clases. La clase Mamíferos incluye a todos los seres que amamantan a sus crías y tienen generalmente el cuerpo cubierto de pelo. Las clases se agruparían en *phylum,* en este caso el de los vertebrados y los *phyla* (plural de *phylum* en latín) en un reino, que es el Reino Animal.

Esta forma de clasificación es la que todavía utilizan los taxónomos de todo el mundo. Se trata de un sistema teórico basado en las semejanzas morfológicas entre los individuos. Con este criterio fue creado por Linné. Sin embargo, cuando Darwin publicó *El origen de las especies* asumió la clasificación linneana, pero dándole un nuevo enfoque con el fin de que concordase mejor con su teoría de la evolución. Para él, las clasificaciones debían ser verdaderas genealogías de los seres vivos, que reflejasen las relaciones evolutivas postuladas por su teoría. Los diferentes taxones no eran concebidos solo como conjuntos que agrupaban a organismos parecidos, sino que debían considerarse como antepasados comunes a estos organismos. Y aquí es donde surge el problema. El modo de clasificar animales y plantas sigue siendo motivo de controversia entre los científicos.

La macroevolución se concibe como la evolución de los grupos con mayor categoría taxonómica. ¿Cómo han evolucionado, si es que lo han hecho, los *phyla*, las clases, los órdenes y las familias? ¿Puede la microevolución explicar las enormes diferencias que existen entre una sardina y un hombre? ¿Es capaz la selección natural de dar cuenta de la perfección del ojo del águila, del oído del murciélago, o del cerebro humano? ¿Hay algún hecho en la naturaleza que demuestre, sin lugar a dudas, que la evolución se ha producido realmente? Estas cuestiones nos conducen al terreno de la polémica y de la especulación.

Los seguidores de los principios de Darwin o neodarwinistas empezaron a afirmar, a partir de 1930, que la macroevolución era solo un efecto de perspectiva de la microevolución. Según ellos, tanto dentro del nivel de la especie como por encima de él, la evolución se debió a la acumulación de pequeños cambios genéticos graduales dirigidos por la selección natural. Los mecanismos de la microevolución podían explicar también los de la macroevolución. Estas ideas han llegado hasta nuestros días celosamente defendidas por los evolucionistas ortodoxos.

Sin embargo, no todos los evolucionistas están de acuerdo con esta explicación. El profesor de investigación del CSIC (Consejo Superior de Investigaciones Científicas en España), Joaquín Templado, comenta: «Las dudas surgen cuando se trata de los fenómenos evolutivos "por encima" del nivel de especies o de géneros. He aquí donde radica actualmente el problema: en el origen de las categorías taxonómicas más elevadas. ¿Cómo surgieron, por ejemplo, los distintos órdenes de insectos? ¿Cómo se originaron las alas que tan prodigioso desarrollo y funcionamiento han alcanzado en esta clase de animales? Problemas de este tipo que implican la aparición y desarrollo de nuevos órganos resulta muy difícil de explicar por extrapolación de lo que sucede al nivel de la especie ... Pese a las afirmaciones de los neodarwinistas "más avanzados" que consideran dicho problema como resuelto, la realidad es que sigue constituyendo una gran incógnita en el presente estado de nuestros conocimientos sobre el mecanismo de la evolución» (Templado, 1974: 130).

La teoría darwiniana es incapaz de resolver el problema de la macroevolución. Los pequeños cambios graduales no pueden explicar las diferencias que existen entre un hombre y un ratón. En tales circunstancias, el razonamiento que se sigue es el de creer que si estamos aquí es porque la macroevolución realmente se ha dado, es decir, si existimos en este planeta es porque hemos evolucionado a partir de la materia inerte. Por lo tanto hay que seguir buscando algún mecanismo evolutivo que resulte satisfactorio. Pero nunca se tiene en cuenta otra posibilidad: que los mecanismos de la macroevolución no se descubran, porque esta nunca se haya producido.

¿Cómo aparecieron entonces todos los tipos básicos de organización de los seres vivos, las clases, los órdenes, las familias que por consiguiente no estarían emparentadas entre sí? Parece que la única alternativa clara sería la creación especial de estos tipos básicos. Pero esta alternativa no quiere ser tomada en serio porque no se le puede aplicar el estudio científico. La ciencia es reacia al milagro. No puede decir nada sobre él. ¿Y sobre la macroevolución? ¿Puede realmente la ciencia decir algo sobre los hipotéticos cambios evolutivos que ocurrieron en un pasado remoto, cuando, según se cree, no existía todavía el ser humano? Los científicos evolucionistas parecen creer que sí.

Se confía en que algún día la ciencia desvelará el misterio. Si el neodarwinismo no ha logrado explicar satisfactoriamente el mecanismo de la macroevolución, ¿qué otra alternativa queda? En 1940, el genético alemán Richard Goldschmidt desafió a los defensores del darwinismo a que trataran de explicar, por medio de pequeños cambios graduales, toda una lista de diferentes órganos de los seres vivos, entre los que figuraban el pelo de los mamíferos, las plumas de las aves, los dientes, y hasta el aparato venenoso de las serpientes. Por supuesto, nadie se atrevió a aceptar tal reto. Lo que Goldschmidt pretendía era manifestar su disconformidad con el mecanismo evolutivo propuesto por el neodarwinismo y propugnar su nueva idea. Según él, la macroevolución solo podía funcionar mediante grandes cambios genéticos. Estos cambios o «macromutaciones» debían ser el factor principal en el origen de los animales y plantas de categoría taxonómica más elevada.

Fue él quien acuñó el término «monstruo prometedor o viable» para referirse a los mutantes que darían origen a nuevas especies (o taxones). Sus adversarios no tardaron mucho en rechazar estas ideas. Si la evolución hubiera tenido lugar mediante macromutaciones y monstruos prometedores ¿cómo se habrían reproducido estos seres? ¿Quién se hubiera apareado con un monstruo por muy prometedor que pareciera? ¿O acaso se produjeron macromutaciones dobles que originaran dos monstruos de distinto sexo? La teoría de Goldschmidt fue ignorada y ridiculizada por los neodarwinistas durante más de treinta años. Sin embargo, en 1972, un par de biólogos americanos, Niles Eldredge y Stephen J. Gould, publicaron un trabajo en el que se acariciaban prudentemente las antiguas ideas del incomprendido genético alemán. El trabajo se titulaba: *Punctuated Equilibria: an alternative to phyletic gradualism* y en él se proponía una nueva teoría para explicar la macroevolución. Parecía que la nueva teoría saltacionista del equilibrio puntuado venía a solucionar las grandes contradicciones del gradualismo neodarwinista.

Si la macroevolución se hubiera producido mediante la acumulación gradual de pequeños cambios en el seno de las poblaciones, como afirmaban los evolucionistas ortodoxos, ¿dónde están las múltiples formas intermedias que necesariamente se habrían producido en tal proceso? El registro fósil las ignora por completo. Lo que nos muestra la paleontología son las enormes lagunas sistemáticas que han venido preocupando a los estudiosos de los fósiles desde los días de Darwin. Se han encontrado cientos de animales y vegetales fosilizados, pero casi todos perfectamente clasificables dentro de los grupos que todavía hoy existen vivos. En cambio, los eslabones intermedios propuestos por el gradualismo no han aparecido.

Stephen J. Gould lo explica así: «Si la evolución se produce normalmente por una especiación rápida en grupos pequeños —en lugar de hacerlo a través de cambios lentos en las grandes poblaciones— entonces, ¿qué aspecto deberían tener en el registro fósil? ... la especie en sí aparecerá "subitamente" en el registro fósil y se extinguirá más adelante con igual rapidez y escaso cambio perceptible en su forma» (Gould, 1983a: 65). En otras palabras, los fósiles de las formas intermedias no se han descubierto porque nunca habrían existido. El paso de una especie a otra ocurriría tan rápido, desde el punto de vista de la geología, que ni siquiera habría dejado fósiles. Ya no deberíamos pensar en la evolución como si fuera una recta inclinada y ascendente, sino como una línea quebrada con aspecto de escalera.

El problema es que no se puede demostrar que esto haya ocurrido. Las especulaciones que los evolucionistas innovadores realizan actualmente sobre estas hipóteticas macromutaciones apuntan hacia la posible existencia de unos genes reguladores que poseerían la facultad de accionar o bloquear a otros grupos de genes productores de proteínas. El problema es que no conocemos nada en absoluto sobre la existencia de estos genes. No se conocen ni se han descrito y, sin embargo, se sigue suponiendo su existencia porque lo requiere la teoría. Mientras tanto, los evolucionistas ortodoxos continúan rechazando enérgicamente todas estas ideas que vienen de parte de los innovadores. De modo que la pregunta fundamental a la macroevolución sigue todavía hoy sin respuesta.

El matemático y biólogo francés Georges Salet, que fuera alumno de François Jacob, el famoso premio Nobel de medicina en 1965, plantea esta pregunta así: «¿De qué modo un mecánico de duplicación que está dispuesto para transmitir de una generación a otra "copias conformes", y que realiza esta transmisión con una perfección más o menos feliz que explica las mutaciones, ha podido originar textos enteramente nuevos? ... Ninguna de las teorías propuestas hasta la fecha es capaz de aportar una explicación» (Salet, 1975: 117). Si la microevolución o los cambios producidos dentro de la especie biológica constituyen un hecho observable en la naturaleza, no puede afirmarse que la macroevolución se trate de un hecho comprobado. Sigue siendo una teoría no demostrada que alberga numerosas dudas e incertidumbres. Aun cuando la mayoría de los investigadores científicos la tengan por cierta, esto no quiere decir que la teoría de la macroevolución sea, efectivamente, una auténtica teoría científica.

En este sentido, Karl Popper, el gran filósofo de la ciencia, afirma que la teoría evolucionista no es una teoría científica porque no se puede refutar ni tampoco demostrar. La evolución general se refiere a acontecimientos históricos únicos. Este tipo de acontecimientos no pueden ser investigados porque son irrepetibles. Si en verdad ocurrieron, lo hicieron una sola vez y para siempre, por lo tanto no están sujetos a prueba. No se pueden repetir en el laboratorio o experimentar con ellos. Popper dice que los biólogos evolucionistas no pueden explicar la evolución pasada, sino solo producir interpretaciones o conjeturas al respecto. La conclusión a la que llega este filósofo sobre la teoría de la evolución es que se trata de un programa de investigación metafísico (Popper, 1977).

Así pues, cabe plantearse la siguiente cuestión: Cuando ciertos autores se refieren al «hecho de la evolución», o cuando en los libros de texto leemos que «hay una gran cantidad de evidencias o pruebas demostrativas de que la evolución biológica es un hecho incuestionable», ¿qué es lo que se quiere afirmar? ¿Qué se entiende por evolución? ¿Se está hablando de macroevolución o de microevolución?

Como hemos visto, la microevolución es efectivamente un hecho que nadie pone en duda, pero si se dice que la macroevolución también lo es, se provoca una confusión de conceptos. Si por evolución se entienden los cambios biológicos por encima del nivel de la especie, entonces debe hablarse de hipótesis y no de hechos. Esto, que parece obvio, no siempre se tiene en cuenta. A partir de ahora, siempre que se mencione la teoría de la evolución en este libro, estaremos hablando de macroevolución.

3
ÓRGANOS ANTIDARWINISTAS

La teoría de la evolución biológica afirma que la vida surgió por azar en los primeros océanos hace aproximadamente tres mil quinientos millones de años como una microscópica célula sin núcleo. Este pequeño ser vivo fue transformándose hasta originar la maravillosa diversidad de organismos que han poblado y pueblan todavía hoy nuestro planeta azul. ¿Hay evidencias realmente científicas que demuestren que esta teoría es cierta? En las escuelas se enseña que la teoría de la evolución se basa en una serie de pruebas que son fruto de la observación. A los estudiantes se les enseña que la conclusión lógica del estudio de estas pruebas es que los seres vivos han evolucionado. Las evidencias que se presentan provienen de diferentes disciplinas pertenecientes a las ciencias naturales: Anatomía comparada, Embriología, Bioquímica, Paleontología, Biogeografía, e incluso Etología. Analizaremos cada uno de estos argumentos que tradicionalmente se presentan como pruebas de la evolución.

Por poco observador que se sea, es fácil darse cuenta de que la naturaleza es pródiga en diversidad, pero ahorrativa en modelos estructurales. Infinidad de animales distintos poseen rasgos fundamentales comunes. ¿Por qué hay tantos seres que presentan una cabeza, dos ojos, dos orificios nasales, un tronco y unas extremidades? ¿Cuál es la razón de que todos los mamíferos posean siete vértebras cervicales, tanto si tienen el cuello corto, como el topo, o largo como la jirafa (con una excepción, el manatí que tiene seis)? ¿A qué se debe que todas las especies vegetales superiores vivan fijas al sustrato y presenten raíces, tallo y hojas? ¿Cómo es que los seres humanos somos morfológicamente tan parecidos a los monos superiores? En la actualidad se conoce un millón y medio de especies animales diferentes que pertenecen solamente a una veintena de tipos estructurales básicos. Esto constituye realmente un enigma.

No cabe duda de que esta evidente semejanza entre los organismos ha constituido siempre un enigma para los estudiosos de la naturaleza. Hasta el siglo XIX, la respuesta que se dio a esta cuestión tuvo sus orígenes en la filosofía griega. Aristóteles afirmó la existencia de una unidad de plan entre los seres vivos. Gracias a esta unidad sería posible la comparación entre las distintas formas vivas y esto iba a permitir, más tarde, el surgimiento de disciplinas científicas como la anatomía comparada. La misión de esta ciencia, llamada también morfología, era precisamente demostrar que la estructura y las funciones de los organismos, o de sus partes, caracterizaba a todos los seres de un mismo grupo. Los datos de la anatomía iban a permitir la realización de las clasificaciones naturales y, por tanto, darían origen a la disciplina de la sistemática.

Con la aparición de la teoría evolucionista los estudiosos de la naturaleza dejaron de aceptar la explicación aristotélica. La suposición de Aristóteles fue sustituida por la de Darwin. Un misterio se cambió por otro misterio. Si la suposición de una unidad de plan no podía explicar por qué existía tal plan, excepto apelando a la existencia indemostrable de un Creador inteligente, de repente, la semejanza entre los organismos se explicaba como resultado de su parentesco común. Los parecidos se debían a sus relaciones evolutivas. Cuanto mayor era el grado de semejanza entre dos especies, más próximas debían ser sus relaciones filogenéticas. Si dos seres se parecían era porque habían evolucionado a partir de un antepasado común. De esta manera la teoría de la evolución introducía en las ciencias naturales un axioma biológico, el principio indemostrable de que la semejanza es evidencia de la evolución, o dicho de otra forma, que «parecido implica filiación».

Con este criterio se empezaron a construir hipotéticos árboles genealógicos que intentaban explicar las relaciones de parentesco entre los distintos grupos de seres vivos. Para ilustrar estos árboles se proponían incluso analogías tomadas de disciplinas tan alejadas de la biología como podían ser la filología comparada o el estudio de las lenguas. En este sentido Sir Gavin de Beer escribía en 1964: «Las semejanzas entre las lenguas francesa, castellana, italiana, portuguesa, provenzal, romance y rumana se extiende no solo a su vocabulario, sino también a la estructura de sus palabras y al modo como se usan para construir frases. Nadie podría suponer que estas lenguas se hubieran inventado independientemente por los pueblos que las hablan, y se sabe por los documentos históricos que todas ellas han derivado, o evolucionado, a partir del latín ... igualmente, las ciencias comparadas de la anatomía, embriología, bioquímica, serología y otras, proporcionan evidencias de semejanzas, explicables únicamente si ha ocurrido la evolución de las plantas y de los animales» (de Beer, 1970).

Estos razonamientos se acompañaban con extensos esquemas sobre la historia de las lenguas en la familia indo-europea para mostrar que todas descendían también de un antepasado común. Tan solo cuatro años después de que fuese publicada en castellano la primera edición de la obra de Sir Gavin de Beer, apareció otro pequeño atlas escrito por dos autores alemanes, Günter Vogel y Hartmut Angermann. Estos biólogos se refieren al ejemplo anterior con las siguientes palabras: «Mientras que se admite, a partir del vocabulario, de las estructuras de las palabras y de la sintaxis, que el español, el francés y las otras lenguas románicas derivan del latín, la biología no ha podido obtener un resultado tal. Aunque la teoría de la evolución haya intentado poner de manifiesto la analogía entre organismos bajo el mismo punto de vista que la lingüística» (Vogel & Angermann, 1974: 461)

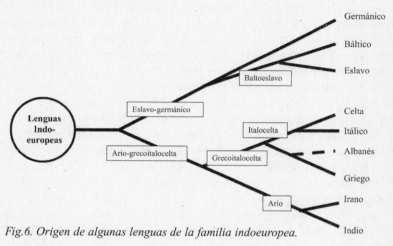

Fig.6. Origen de algunas lenguas de la familia indoeuropea.

El ejemplo de las lenguas no se acepta como válido. No se pueden mezclar dos cosas tan diferentes como la evolución lingüística y la biológica. Es cierto que las lenguas románicas se han originado a partir del latín, y tenemos documentos históricos que así lo atestiguan, incluso este idioma todavía se estudia en la universidad. El latín no es un eslabón perdido sino una lengua real con una rica y abundante literatura que cualquiera que conozca esta lengua puede leer en la actualidad. Podemos rastrear en los archivos históricos la evolución de las lenguas románicas y estudiar los cambios experimentados por las palabras a través del tiempo. Todo esto se conoce perfectamente. Pero lo que resulta obvio en lingüística es sumamente especulativo en la evolución biológica. No se pueden extrapolar los hechos de la lingüística a las hipótesis de Darwin. Que el chimpancé y el hombre hayan tenido el mismo antepasado no es algo directamente verificable. Los pretendidos antecesores comunes de la mayoría de los grupos biológicos siguen siendo eslabones perdidos, ya que sus fósiles no han sido descubiertos.

La asunción de que semejanza significa evolución es la respuesta evolucionista al enigma del parecido universal entre los diferentes tipos de organismos. Sin embargo, no todo lo que se parece debe estar necesariamente relacionado por generación. Es cierto que una pareja de progenitores suelen dar hijos que normalmente se parecen. Es verdad que un antecesor común origina descendientes semejantes entre sí, pero este argumento no siempre funciona si es planteado al revés. Del hecho de que dos individuos se parezcan no se debe inferir necesariamente que estén relacionados entre sí o que desciendan de un antepasado común.

Los ejemplos que ofrece la naturaleza son numerosos. Ahí están las llamadas *convergencias* que han supuesto siempre un verdadero rompecabezas para el darwinismo. Zoólogos y botánicos han descrito perfectamente a esos seres que pertenecen a distintos grupos de clasificación y que, sin embargo, presentan unas características morfológicas, fisiológicas o ecológicas notablemente semejantes. Veamos algunos ejemplos: ¿Por qué se parecen tanto los ojos de los cefalópodos (pulpos, calamares y sepias) a los de los vertebrados? ¿Cómo es posible que la inofensiva mariposa *Sesia apiforme* sea tan parecida al peligroso abejorro que vive en su mismo medio? Ciertos vegetales de regiones áridas presentan formas muy semejantes, pero pertenecen a familias muy diferentes, como los cactos y las euforbias.

Las formas convergentes conocidas entre los mamíferos marsupiales y los placentarios son abundantes. La zarigüeya es muy parecida a la rata común, el dasiuro manchado a la marta, y el tilacino al lobo. La ardilla voladora, el topo y el jerbo tienen sus correspondientes réplicas en el mundo de los marsupiales. Los parecidos son grandes y sin embargo, pertenecen a clases distintas. Otro tanto podríamos comentar entre los animales parásitos. Los endoparásitos verdaderos, que viven en el interior de sus huéspedes, pertenecen a tipos diferentes, pero presentan muchas semejanzas. El ejemplo favorito de convergencia adaptativa, que siempre aparece en los libros de texto, es el de tres vertebrados acuáticos pertenecientes a otras tantas clases distintas: el tiburón, que es un pez elasmobranquio; el ictiosaurio, un reptil fósil del Mesozoico y el delfín, un mamífero cetáceo. Tres seres morfológicamente muy parecidos por su adaptación hidrodinámica a la vida en alta mar, pero a la vez muy diferentes desde la perspectiva sistemática. Lo mismo puede decirse de la convergencia al vuelo en las alas de *Pterodaptilus* fósiles, murciélagos y aves (Fig. 7).

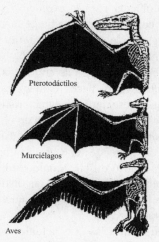

Pterotodáctilos

Murciélagos

Aves

Fig. 7. Ejemplo típico de convergencia al vuelo en tres tipos de animales muy distintos, un reptil fósil, un mamífero y un ave.

Por tanto, el principio evolucionista de la semejanza como prueba de la macroevolución necesita ser convenientemente matizado. Hay que definir lo que se entiende por semejanza y distinguir la *convergencia* de la *homología*. Se entiende por homología las semejanzas debidas a un ancestro común, mientras que las otras semejanzas que no se deben a un antecesor común constituirían la *analogía* o los casos de convergencia. El problema es que esta distinción, aparentemente tan simple, está basada sobre un gran enigma. ¿Dónde está el ancestro? ¿Quién lo ha visto? ¿Qué caracteres poseía? Generalmente todas estas respuestas son negativas o dudosas, ya que aunque dispongamos de unos cuantos huesos petrificados no podemos estar seguros de que realmente pertenecen al ancestro que buscamos y no a otro. Nadie está en condiciones de certificar que en efecto, ese es el fósil de la especie ancestral que dio origen a las especies vivas que hoy observamos.

El gran especialista en peces fósiles, Colin Patterson, comenta al respecto: «Los fósiles pueden decirnos muchas cosas, pero algo que jamás pueden revelarnos es si fueron los antepasados de otro» (Patterson, 1985). Para explicar el misterio de la semejanza nos sumergimos en el misterio de la evolución. Intentar descubrir el hipotético grado de parentesco existente entre los organismos actuales basándose en una comparación morfológica es una tarea científicamente peligrosa, que recientemente está llevando a acalorados debates en la comunidad científica. Los abundantes ejemplos de organismos que presentan formas o adaptaciones semejantes, pero que se clasifican en taxones diferentes, suponen un auténtico problema para la evolución. ¿Cómo explicar de manera satisfactoria las convergencias mediante la evolución? ¿Pueden las mutaciones filtradas por la selección natural dar cuenta de los múltiples casos de la llamada evolución paralela?

La bioluminiscencia es la propiedad de emitir luz que poseen ciertos organismos. Se han descrito varios peces, camarones, bacterias, almejas y algas dinoflageladas que presentan esta característica y que les resulta útil en el medio en el que viven. Desde el punto de vista evolutivo, habría que admitir que esta singular propiedad debió surgir muchas veces durante la historia de su desarrollo. Si el hecho de que ocurriera una sola vez es ya estadísticamente harto difícil, ¿cómo explicar que las mismas mutaciones ocurrieran tantas veces en grupos tan distintos, lo que implica que ocurran en genes distintos y que además fueran viables? Esto es algo que no se puede demostrar.

Las alas que permiten volar a las aves actuales no son exclusivas de estos animales. Las presentan también todas las especies de murciélagos y vampiros que pertenecen a la clase de los mamíferos. Incluso aquellos famosos reptiles, los pterodáctilos, que se extinguieron en el pasado, también disfrutaban de ellas y las utilizaban para desplazarse y atrapar a sus presas. ¿Puede el mecanismo propuesto por el neodarwinismo explicar la aparición de la misma adaptación al vuelo, tres veces, y en tres clases distintas de vertebrados? Nadie explica cómo han podido estos animales pertenecientes a grupos con costumbres tan diferentes seguir cursos de evolución paralelos. No existe base científica para interpretar bien los fenómenos de la convergencia.

Otro curioso ejemplo de paralelismo, entre los muchos que se podrían citar, es el que se da entre los dos grandes reinos: el vegetal y el animal. ¿Por qué es tan semejante el mecanismo de la reproducción? Observemos que tanto los animales como las plantas dependen para perpetuarse de la existencia de un ovario, con un óvulo en su interior que debe ser fertilizado por la correspondiente célula masculina, sea esta polen o un espermatozoide. Si la evolución hubiera sido el sendero que originó a los animales y a las plantas, ¿cuántos intentos fueron necesarios por parte de la selección natural o las mutaciones para inventar la reproducción?

El famoso periodista científico inglés de la BBC, Gordon Rattray Taylor, comenta con relación a este problema: «La selección natural es insuficiente para explicar todos los aspectos de la historia de la evolución ... es necesario considerar muy en serio la posibilidad de que una fuerza o proceso directivo trabaje juntamente con ella. No quiero decir con eso una fuerza de un género místico, sino más bien alguna propiedad del mecanismo genético, cuya existencia no se sospecha en este momento» (Taylor, 1983: 133).

De la misma manera se pronuncia el eminente profesor de zoología Pierre P. Grassé: «A pesar de sus éxitos entre algunos biólogos, filósofos y sociólogos, las doctrinas que explican la evolución biológica no resisten una crítica objetiva hecha con profundidad ... Nadie puede asegurar que la evolución consista en la adquisición de caracteres debidos al uso o a una influencia directa del medio. Nadie puede probar que los tipos, clases, órdenes y familias tengan mutaciones aleatorias de la misma naturaleza que las que sufren las plantas y los animales vivientes en todo tiempo y lugar. Nadie puede afirmar que los planes de organización son la obra de la selección natural» (Grassé, 1977) y un poco más adelante se refiere a las mutaciones en los siguientes términos: «No temamos repetirnos, las mutaciones no explican ni la naturaleza, ni la ordenación temporal de los hechos evolutivos; no son proveedores de novedades; el suministro preciso de partes que constituyen los órganos y el ajuste de los órganos entre sí, sobrepasa sus posibilidades.»

Ninguno de los mecanismos evolutivos propuestos hasta el momento es satisfactorio para explicar el problema de las convergencias. La mayoría de las obras del evolucionismo ortodoxo se refieren a este asunto de pasada o simplemente lo ignoran. Es conveniente decir que para muchos otros investigadores la existencia de estos paralelismos biológicos constituye una prueba de que hay un plan en la naturaleza. Un plan que evidencia semejanza en las estructuras que están destinadas a realizar las mismas funciones. Da igual que se trate de un pato, una rana o una nutria, todos poseen patas con membranas interdigitales que les permiten nadar mejor. Cada uno de estos animales tan diferentes entre sí presenta idéntico diseño en sus extremidades con el fin de que resulten eficaces en el medio acuático en que viven.

En resumen, hasta ahora el problema de la semejanza solo poseía dos respuestas: o los seres vivos se parecen entre sí porque descienden evolutivamente de un antepasado común, o bien estas semejanzas se deben a la existencia de un plan y una función para cada órgano diseñada originalmente por un Creador inteligente. Los últimos descubrimientos científicos ponen de manifiesto que la segunda opción es la que mejor se ajusta a la realidad. La elevada información que contienen los genes y las maquinarias proteicas de los seres vivos tuvo que ser necesariamente planificada desde el principio con la intención de que los organismos fueran como son y funcionaran como lo hacen.

Darwinismo y órganos homólogos

Uno de los principales argumentos evolucionistas que se ha venido utilizando desde los días de Darwin es el de los *órganos homólogos*. Estos se definen como los que poseen un mismo origen embrionario y, por tanto, presentan la misma estructura interna, aunque puedan tener una forma e incluso una función diferente. Por ejemplo, las extremidades anteriores de una iguana, una gaviota, una ballena, un caballo, un murciélago, un topo o un hombre, a pesar de ser tan diferentes entre sí, todas presentarían el mismo esqueleto interno formado por los huesos húmero, cúbito, radio, carpos y falanges.

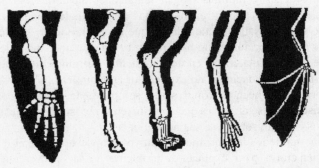

Fig. 8. En la perspectiva evolucionista, los órganos homólogos son aquellos que tendrían un mismo origen embrionario y, por tanto, serían una prueba de la evolución. No obstante, hoy se sabe que en realidad distan mucho de poseer el mismo origen embrionario.

Este parecido solo podría explicarse, según se afirma, si se considera que todas estas especies proceden por evolución de un antepasado común que experimentó una evolución divergente y llegó a formar animales capaces de trepar, volar, nadar, galopar, excavar o tomar objetos respectivamente. Por tanto, estos órganos homólogos serían la prueba de un parentesco evolutivo con antepasados comunes. Esto es lo que todavía hoy se sigue enseñando en los libros de texto de enseñanza primaria, a nivel elemental, pero también en secundaria y en la universidad.

No obstante, cuando se examina el asunto con más detenimiento aparecen serios inconvenientes. Es verdad que tales órganos presentan una estructura interna parecida, pero su origen embrionario no es en absoluto el mismo. Por ejemplo, de los numerosos sectores o metámeros en que se divide el cuerpo de los embriones, las patas delanteras de las salamandras se desarrollan a partir del segundo, tercero, cuarto y quinto; las del lagarto lo hacen a partir del sexto, séptimo, octavo y noveno metámeros; mientras que el embrión humano lo hace del trece al dieciocho, etc. (Chauvin, 2000: 219).

Muchos de tales órganos considerados homólogos se forman a través de procesos embrionarios que no tienen nada en común. Esto es lo que ocurre con el tubo digestivo de los vertebrados, con el riñón, o con numerosos órganos de los insectos y de las plantas superiores. En contra de lo que escribió Darwin, la embriología actual demuestra que múltiples órganos considerados antiguamente como homólogos no derivan del desarrollo de las mismas partes embrionarias correspondientes. De esto puede deducirse que el parecido no implica necesariamente un origen común o una filiación evolutiva y que, por lo tanto, el argumento de la homología queda muy debilitado o incluso eliminado.

La embriología descubre el fraude

Es lógico pensar que los órganos homólogos procedan siempre de las mismas zonas del embrión. Dicho de otra manera, órganos homólogos en los adultos deben originarse a partir de las mismas regiones homólogas de sus correspondientes embriones. En la reproducción sexual un espermatozoide se une a un óvulo y da lugar a un huevo fecundado que se llama *zigoto*. Inmediatamente, esta célula inicia una segmentación que la divide, primero en dos células más pequeñas, después en cuatro, ocho, dieciséis, etc. Y así, hasta alcanzar el estado de *blástula*. En este estado, numerosas células se disponen formando una esfera con una cavidad hueca central. La blástula se invagina sobre sí misma dando lugar a la *gástrula*. Se trata de una bolsa especial formada por dos capas de células, el *ectodermo*, la externa, y el *endodermo*, la interna. Por último, cuando la gastrulación ha terminado, aparece una tercera capa germinal, el *mesodermo*, que se interpone entre las dos anteriores.

Cada órgano y estructura del individuo adulto procede de las células de estas tres láminas. El sistema nervioso y la piel por ejemplo, se forman siempre a partir del ectodermo. El esqueleto y la musculatura proceden del mesodermo, mientras que el endodermo origina el tubo digestivo y las glándulas anexas. La explicación transformista al enigma de la semejanza entre los seres vivos de nuestro mundo no siempre satisface completamente. Aunque se intente presentar como la única respuesta científica, lo cierto es que dista mucho de serlo. Recurrir al hipotético antepasado común no es científico. No es posible aplicar la metodología científica a un ser del que no se puede estar seguro siquiera que haya existido. Y en los raros hallazgos de fósiles con posibilidades de ser considerados antecesores comunes, ¿cómo estar plenamente seguros de que fueran ellos? Esa constante incertidumbre la vemos en la mayoría de las cuestiones que tienen que ver con los orígenes, se quiera o no reconocer.

Cuando se afirma que las homologías constituyen un argumento «de una rotundidad absoluta» a favor de la evolución, desde luego se está admitiendo como verdadero un principio indemostrable. No se puede comprobar que los seres vivos se parecen porque han evolucionado de un antepasado común. Podría haber sido así, pero la propuesta transformista no es la única posible. Si el origen de los seres vivos hubiera ocurrido de otra forma, seguramente ese otro proceso tampoco sería accesible a nuestra metodología científica. Dando esto por supuesto podemos plantearnos la siguiente cuestión: ¿Hay alguna explicación no evolucionista al problema de la semejanza? ¿Tienen sentido las homologías en el modelo creacionista?

La existencia de planes estructurales básicos en la naturaleza indica armonía y orden. Estas dos características coinciden con lo que cabría esperar en un mundo creado originalmente perfecto por Dios. Sería lógico, en tal concepción, que los animales y las plantas estuvieran correctamente adaptados a sus ambientes y que los que viven en hábitats similares presenten formas y estructuras parecidas. La homología no plantea problemas al modelo creacionista, ya que lo lógico sería esperar semejanzas entre los organismos pertenecientes a los tipos básicos originalmente creados.

Si la hipótesis evolucionista propone la filiación, el planteamiento creacionista se refiere a la planificación por parte de un Creador inteligente. En la teoría de la evolución las homologías se consideran evidencias de un antecesor común; para la teoría de la creación, son evidencias de un único Diseñador. Si los seres vivos de este planeta no tuvieran nada en común, si existieran cientos de miles de planes estructurales diferentes, si no se dieran las semejanzas y homologías entre los organismos, podría dudarse de la existencia de un Creador sabio. Viviríamos en un planeta caótico y discordante. Planes organizativos distintos requerirían, seguramente, ambientes muy diferentes. Es posible imaginar que ese sería un mundo de aislamiento e incomunicación. Pero la biosfera en que habitamos hoy no refleja nada de eso. Se trata de un gran ecosistema abierto con innumerables interrelaciones entre los organismos y el medio ambiente. Disfrutamos de un mundo en el que imperan las comunicaciones y debemos relacionarnos para subsistir. Todo esto confirma la perspectiva de la fe de que Dios, el Creador, diseñó el universo con una finalidad de relación, de comunicación y de convivencia entre todas sus criaturas.

La placenta es antidarwinista

El órgano fundamental que sirve para distinguir entre los principales grupos de mamíferos es sin duda la placenta. Pues bien, no es posible explicar la placenta mediante la teoría de la evolución. Veamos por qué. Su presencia o ausencia permitió a Linneo en el siglo XVIII clasificar por separado los mamíferos placentarios o Euterios de los marsupiales o Metaterios. Todos los mamíferos que como el canguro carecen de placenta, vienen al mundo en un estado realmente precario. Nacen muy pronto, y por lo tanto su cuerpo tiene reducidas dimensiones. Desde el orificio materno por donde han visto la luz deben trepar trabajosamente hasta la bolsa marsupial. La madre no suele ayudarles demasiado en este viaje. Si accidentalmente llegaran a desviarse de su camino, ella contemplaría impasible la escena, lamiéndose a lo sumo la piel de la región para facilitar el ascenso, pero sin recoger al pequeño si este llegara a caerse. Los embriones que felizmente superan la prueba y consiguen alcanzar la enorme bolsa, son recompensados de inmediato. Una glándula mamaria con nutritiva leche les espera en el fondo del marsupio. En cuanto llega, el pequeño cangurito abre la boca desesperadamente y empieza a tragar el fluido vital. Allí permanecerá chupando hasta que esté en condiciones de sacar la cabeza de la bolsa y observar el mundo que le rodea.

Todas estas dificultades se las ahorran los mamíferos placentarios. Los seres humanos, por ejemplo, podemos permanecer hasta nueve meses en el claustro materno. Pero desde luego, no somos los que batimos el récord. Nos supera la jirafa con quince meses y el elefante índico con casi veintitrés meses de gestación. Claro que aquí influye decisivamente el tamaño corporal. Durante todo este periodo de desarrollo embrionario se van completando las estructuras del individuo, y al producirse el parto, este está más preparado para valerse por sí mismo. Las jirafas recién nacidas tardan solo una hora en empezar a caminar y seguir a sus madres.

La placenta es pues un órgano ventajoso para los animales que la poseen y sumamente interesante desde el punto de vista zoológico. Las funciones que realiza son variadas. Por una simple diferencia de presión, el embrión es capaz de absorber oxígeno y eliminar dióxido de carbono a través de ella. Los glúcidos la atraviesan sin obstáculo, mientras que las proteínas son seleccionadas meticulosamente. La placenta no es simplemente un filtro, sino un dispositivo capaz de seleccionar lo que conviene y lo que no. Puede expulsar los desechos del embrión y fabricar varios tipos de hormonas. Desde la perspectiva de la anatomía comparada, la placenta sería evidentemente un órgano homólogo en todas las especies de mamíferos que la presentan. Su estructura fundamental en los placentarios sugeriría, según la concepción evolucionista, un origen común de todos ellos. La propia definición de homología impone la condición de que los órganos homólogos deben tener un valor evolutivo. Si se les niega tal valor el mismo concepto de homología no tiene sentido.

Sin embargo, cuando se pretende profundizar en el estudio de la placenta en los diferentes órdenes de mamíferos, sorprenden las declaraciones del eminente profesor de zoología, el Dr. Grassé. Cuando explica los tipos de placenta dice: «Este órgano embrionario, medio materno, medio fetal, presenta grandes diferencias estructurales de un orden de mamíferos a otro. Estas diferencias no parecen tener un valor filogenético importante» (Grassé, 1978). ¿Cómo es posible que las diferencias entre órganos homólogos no tengan valor evolutivo? La anatomía comparada reconoce en los mamíferos cuatro tipos de placenta. Las diferencias que permiten tal clasificación se basan fundamentalmente en el número de capas de tejidos celulares que separan la sangre del embrión de la sangre materna.

En la placenta «epiteliocorial» seis capas separan las dos sangres. Este tipo se da en caballos, camellos, cerdos, delfines y demás cetáceos, algunos rumiantes y la mayoría de los simios. La placenta «sindesmocorial» posee cinco capas y es propia de ovejas, vacas, antílopes y ciervos. Cuatro capas separan las sangres materna y filial en la placenta «endoteliocorial», que se da en los carnívoros tales como perros, gatos, osos, focas y todas las demás familias, así como en los insectívoros a los que pertenece el topo. Finalmente está la placenta «hemocorial» con solo tres capas y que los seres humanos compartimos con los monos antropomorfos, pero también con ratas, conejos, erizos, murciélagos, castores, cobayas y elefantes (Fig. 9). ¿Se puede entender todo esto? ¿Tiene sentido evolutivo o filogenético todo este puzzle evolutivo? Con razón se afirma que no parecen tener valor evolutivo. Si alguna cosa demuestra el estudio comparado de la placenta es que no existe una gradación evolutiva de lo simple a lo complejo en los mamíferos actuales. No se puede distinguir entre placentarios primitivos y evolucionados.

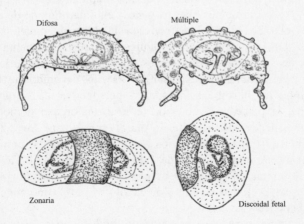

Fig. 9. Tipos de placenta según la zona en que ésta se sitúa.

¿Qué tipo de placenta debería poseer el antepasado común de los mamíferos placentarios? ¿Hay algún tipo de estos cuatro que sea más primitivo que los demás? Vogel y Angermann responden que no. Para decirlo en sus propias palabras: «No puede decirse que la serie de familias de mamíferos vivientes, provistos de una placenta epiteliocorial, sean formas primitivas; al contrario, están extremadamente especializadas, como lo demuestran su estructura fisiológica y sus funciones. Los grandes ungulados con placenta epiteliocorial tienen un período de gestación tan largo como el del hombre y dan a luz crías que están muy desarrolladas» (Vogel & Angermann, 1974). Sin embargo, existen autores que parecen negarse a aceptar la evidencia de los hechos y prefieren ver grados de perfección entre los diferentes tipos placentarios.

Nuestro ilustre paleontólogo, el Dr. Miguel Crusafont, de quién tuve el privilegio de ser alumno en la Universidad de Barcelona, decía: «La característica de una placenta homocorial representa un grado más perfecto dentro del tipo endoteliocorial, ya que en ella las vellosidades del corion se bañan en las lagunas de sangre materna, asegurando así todos los intercambios tróficos entre el embrión y la madre. Este estadio es ya el de algunos órdenes de mamíferos, entre ellos los primates, de manera que es el que corresponde al hombre» (Crusafont, 1976). Pero lo que no se dice es que además de los primates este tipo homocorial de placenta se da también en ratas, conejos, erizos, murciélagos y elefantes. Si se tienen en cuenta los hipotéticos «grados de perfección», ¿cómo explicar filogenéticamente que los ratones sean más perfectos que los perros o los delfines inferiores a los conejos? ¿Por qué un erizo o un murciélago deben tener una placenta más perfecta que un camello o un lémur de Madagascar?

Cuando se hacen tales afirmaciones incompletas se corre el peligro de confundir o faltar a la verdad. Veamos un ejemplo. El famoso evolucionista Sir Gavin de Beer, intentando argumentar la afinidad entre el hombre y los monos antropomorfos, afirmaba: «La placenta del gorila es tan similar a la del hombre que es casi imposible distinguirla» (de Beer, 1970). Pero lo cierto es que también es similar a la de la cobaya, del castor y del topo. ¿Por qué no se añaden estos datos? Las diferencias que muestra la placenta en los mamíferos no permite definir las características del hipotético antepasado común, sino que constituye una evidencia contraria a la evolución de los mamíferos placentarios. No todos los ejemplos que pueden citarse de órganos homólogos demuestran vínculos evolutivos. Lo que ocurre es que tales homologías son descartadas de las listas de evidencias o simplemente se silencian porque no responden a las expectativas evolucionistas.

4

EL CORAZÓN TIENE RAZONES QUE LA EVOLUCIÓN DESCONOCE

Otra de las estructuras homólogas que suelen proponerse como pruebas de la evolución es el corazón de los vertebrados. Se trata de un órgano fundamental que aparentemente parece ilustrar bastante bien el pretendido desarrollo evolutivo del aparato circulatorio entre peces, anfibios, reptiles, aves y mamíferos a partir de un único antepasado. De nuevo sir Gavin de Beer lo propone así: «En el corazón de los anfibios hay un solo ventrículo, mezclándose en él las corrientes sanguíneas venosa y arterial. El ventrículo de los reptiles tiene un tabique incipiente e incompleto, que en los mamíferos es completo y separa las corrientes sanguíneas venosa y arterial, yendo la última al cerebro. He aquí un caso de cambio de estructura que muestra gradación dentro de la unidad de plan» (de Beer, 1970). Parece lógico que el corazón de los vertebrados muestre gradación de lo sencillo a lo más complejo. Un pez es un animal mucho más simple que un hombre y, por lo tanto, es razonable esperar que la mayoría de sus órganos estén también más simplificados. Sin embargo, debe señalarse que «simple» no es sinónimo de «imperfecto». El corazón de los peces es evidentemente más simple que el de los mamíferos, pero funciona perfectamente en el medio acuático. Su fisiología es perfecta bajo el agua. Un corazón más complejo, como el de los reptiles o mamíferos, no sería viable metido en un animal que respira mediante branquias. Cada especie tiene los órganos que necesita para vivir en el medio ambiente que ocupa.

Veamos con más detalle cómo es el corazón que poseen las diversas clases de vertebrados. La mayoría de los peces, tanto los que poseen esqueleto óseo (Teleósteos) como los que lo poseen cartilaginoso (Elasmobranquios), poseen un corazón que está constituido por dos cavidades situadas en serie, una aurícula y un ventrículo. Cada una de estas cámaras lleva adosada otra. De modo que, en realidad, las cavidades son cuatro. Un seno venoso conectado con la aurícula, por donde penetra la sangre al corazón, y un bulbo cardíaco contiguo al ventrículo, por donde la misma es expulsada. Este sistema constituye una bomba simple pero eficaz, capaz de transportar el fluido vital desde las branquias a los diferentes tejidos del animal y viceversa. La elasticidad del bulbo contribuye a amortiguar la presión que desarrolla el latido cardíaco y de esta forma se produce un flujo de sangre continuo y uniforme a través de las branquias. Existen unas válvulas que evitan la circulación en sentido inverso. De manera que, para las necesidades de intercambio gaseoso que presentan los peces, este corazón es un órgano perfecto.

Conviene señalar aquí un hecho que con frecuencia suele pasar inadvertido. Dentro de la superclase de los peces existe un grupo, la subclase de los dipnoos, ¡cuyo corazón se parece al de los mamíferos, aves y cocodrilos! El fisiólogo inglés Knut Schmidt-Nielsen lo explica con estas palabras: «La aurícula del corazón está dividida en dos cámaras por medio de un septo, y el ventrículo está parcialmente dividido. De este modo, el corazón del dipnoo se parece en cierto modo al corazón completamente dividido de los mamíferos, aves y cocodrilos. El corazón de los dipnoos, de hecho, muestra un grado de división estructural mayor que el de cualquier anfibio» (Schmidt-Nielsen, 1976). Este hecho contradice una vez más la pretendida gradación del corazón de los vertebrados. ¿Cómo explicar que un grupo de peces tenga el corazón casi tan complejo como los mamíferos? Esto rompe la escalera del progreso evolutivo. No es posible seguir apelando el ejemplo del corazón como órgano homólogo que ilustra la evolución.

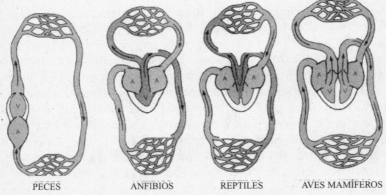

Fig. 10. *Estructura del corazón en las cinco clases de vertebrados.*

La verdad es que los dipnoos son unos peces muy especiales. El hecho de poseer pulmones, además de las típicas branquias, constituye su característica fundamental. Por este detalle se les denomina también peces pulmonados. Los tres géneros que viven actualmente se localizan en los ríos y marismas de las regiones tropicales. Todos presentan un cuerpo alargado y, para respirar, utilizan bastante más los pulmones que las branquias. Viven en regiones en las que se da la alternancia de las estaciones. Durante la estación seca el nivel de las aguas suele descender hasta que aparece el lodo del fondo. Es entonces cuando estos animales se entierran en el barro húmedo formando una especie de saco vertical con la secreción de un mucus de su piel. El extremo superior de este saco se comunica por medio de un corto tubo con el exterior. De esta manera el pez puede vivir, gracias a la respiración pulmonar y sin tomar alimento, durante meses o incluso años. Son animales, pues, muy resistentes y capaces de subsistir utilizando sus materias de reserva. Cuando vuelve la estación húmeda y el agua inunda de nuevo los cauces fluviales, los dipnoos salen de sus sacos y regresan a la actividad.

Esta singular manera de vivir requiere lógicamente un metabolismo muy particular. Las branquias de estos peces están más reducidas que las de los peces ordinarios y reciben sangre que ya ha pasado a través del pulmón. Si sus branquias estuvieran tan desarrolladas como las normales, al nadar en aguas pobres en oxígeno, este se escaparía de la sangre a través de las láminas branquiales en dirección al agua circundante, y esto sería una evidente desventaja; pero el menor tamaño de las branquias del dipnoo soluciona eficazmente el problema. Vemos, pues, como el corazón de los dipnoos, con dos cámaras auriculares y un ventrículo parcialmente tabicado, es el más adecuado para vivir en ambientes pobres en oxígeno, como los que se dan donde prosperan estos peces. Tienen el corazón que necesitan. No se trata de un lujoso regalo de la evolución. Es un órgano imprescindible para vivir donde viven.

Cuando Grassé se refiere al corazón de los anfibios, grupo que sigue a los peces y que, por tanto, deberían presentar un corazón más complejo, reconoce que: «Este corazón, sobre todo el de los Urodelos, es menos perfecto que el del *Lepidosiren* (pez dipnoo) y morfológicamente no puede situarse en una serie que conduzca a vertebrados superiores; representaría una evolución regresiva» (Grassé, 1977). Realmente la clase de los anfibios comprende especies muy diferentes. Los sapos y ranas actuales se clasifican dentro del grupo de los anuros y su corazón presenta dos aurículas completamente separadas. En las salamandras, que pertenecen a los Urodelos, el tabique interauricular puede estar perforado, mientras que en otras especies puede faltar por completo. Desde el punto de vista de la evolución, los anfibios suponen un considerable progreso para el mundo vertebrado, ya que se consideran los protagonistas de un notable cambio de ambiente: el paso de la vida acuática a la vida aérea o terrestre. La presencia de patas que les permiten desplazarse sobre la tierra, de pulmones alveolares para la respiración, así como de las profundas implicaciones fisiológicas que todo esto supone, ha permitido a los zoólogos evolucionistas hacer de los anfibios su segundo peldaño en la escala evolutiva hacia los vertebrados.

Sin embargo, desde una visión no evolucionista, la pregunta que podría plantearse sería: ¿Cómo es que la mayoría de los caracteres de estos animales mitad acuáticos y mitad terrestres habrían progresado tanto, mientras que su corazón, por el contrario, habría sufrido una evolución regresiva? No es lógico creer que todo un organismo haya mejorado mientras que el motor principal de ese mismo organismo, el corazón, parece degenerado. Apelar a una evolución regresiva de un órgano tan vital no parece una explicación satisfactoria. Cuando de Beer ilustra en su *Atlas de la Evolución* las estructuras homólogas, solo dibuja tres corazones, el de los anfibios, reptiles y mamíferos. ¿Por qué no aparece el de los peces dipnoos? Evidentemente, porque tal estructura contradice la hipótesis de gradación entre órganos homólogos.

El corazón de los anfibios presenta un ventrículo no dividido, mientras que en el de la mayoría de los reptiles el ventrículo está solo parcialmente dividido. ¿Se mezcla la sangre oxigenada, proveniente de los pulmones, con la venosa, pobre en oxígeno, que viene del resto del cuerpo? Hasta hace poco se pensaba que en los anfibios los dos tipos de sangre se mezclan, mientras que en los reptiles y mamíferos permanecen separadas. Estudios fisiológicos posteriores han venido a demostrar que esto no es siempre así. A medida que se va obteniendo mayor conocimiento sobre este asunto, resulta cada vez más evidente que los dos tipos de sangre están mucho más separados de lo que la estructura anatómica del corazón parece sugerir, tanto en los anfibios como en los reptiles. Resulta que las diferencias fisiológicas que el evolucionismo intentaba recalcar entre estas dos clases de vertebrados son mínimas.

El corazón de los cocodrilos está perfectamente diseñado para funcionar en su particular modo de vida semiacuática. Existe un orificio que une los dos arcos aórticos y durante el buceo la circulación cambia para favorecer la permanencia del animal bajo el agua. Las aves poseen un corazón que es proporcionalmente más grande que el de los mamíferos, con el fin de suministrar mayor volumen de oxígeno a unos músculos que se mueven muy rápidamente y requieren un suministro superior. Tanto las aves como los mamíferos tienen un corazón con dos aurículas separadas y dos ventrículos también separados entre sí. Por lo tanto las dos circulaciones, pulmonar y general, están completamente separadas. Estos dos circuitos suponen una notoria adecuación a la vida terrestre. La presión sanguínea es distinta en cada circuito. Mayor en los tejidos que en los pulmones. Esto supone para los mamíferos y aves una gran ventaja.

Para los animales acuáticos y los que se arrastran por el suelo, como peces, anfibios y la mayoría de reptiles, vencer la fuerza de la gravedad no supone un serio problema. Sin embargo, para el resto de los vertebrados, la atracción gravitatoria terrestre representa una ley a la que hay que acomodarse. La inmensa mayoría de las aves y algunas especies de mamíferos voladores constituyen un magnífico ejemplo de cómo es posible vencer tal ley. Pensemos en un ejemplo que resulte clarificador. Elijamos a un animal de gran envergadura. Una jirafa adulta, que tenga su cabeza a dos metros por encima del corazón, debe conseguir una presión suficiente para que la sangre le llegue abundantemente al cerebro. Desde luego, la presión en la cabeza, cuando el animal está de pie, es bastante más baja que en las piernas. La presión sanguínea de las extremidades debe ser tres veces más elevada que en la cabeza para que el cerebro reciba el aporte necesario.

Estas diferencias de presión son posibles gracias a las dos circulaciones separadas que les permite su corazón. La presión sanguínea general es siempre mayor que la pulmonar. Todo el aparato circulatorio de estos animales está preparado para soportar tales presiones. Las jirafas poseen arterias con paredes muy gruesas y venas equipadas con válvulas que permiten el retorno de la sangre desde las piernas. ¿Qué ocurre cuando una jirafa baja la cabeza para beber agua? Pues que las válvulas de las venas de su largo cuello impiden que la sangre se acumule en la cabeza y que aumente peligrosamente la presión sanguínea en el cerebro.

Las aves y los mamíferos tienen un corazón de cuatro cámaras y una circulación doble precisamente para solucionar todos estos inconvenientes del medio en que habitan. Los peces, anfibios y la mayoría de reptiles no necesitan un corazón como el de las aves y los mamíferos. Viven en otros ambientes y los problemas físicos a los que deben enfrentarse son también distintos.

Las diferencias existentes entre los distintos tipos de corazón de los vertebrados actuales no se explican solo apelando a la teoría de la evolución, sino que también deben interpretarse como distintos modos de satisfacer las necesidades peculiares metabólicas que vienen condicionadas por el medio ambiente. Los peces pueden tener corazones más simples y pequeños que los mamíferos porque sus tasas metabólicas son aproximadamente la décima parte de la de estos, no porque sean el primer eslabón evolutivo de los vertebrados. Menores necesidades biológicas requieren corazones más sencillos.

Por otro lado, comparar estructuras únicas como el corazón de los animales vertebrados puede resultar relativamente fácil, pero explicar mediante homologías el número y la disposición de los vasos, arterias y venas que salen del mismo es bastante más complejo. Cuando en los libros de texto se afirma que el aparato circulatorio de los vertebrados ilustra «bastante bien» la evolución sufrida por el corazón, no suelen mencionarse todos los inconvenientes que hemos indicado.

La función de lo inútil

Si las alas sirven habitualmente para volar, ¿por qué las aves que nunca vuelan como los avestruces, ñandús, emús y algunas otras las poseen? ¿De qué le sirven los ojos al topo? ¿Por qué algunas serpientes tienen cintura pélvica y restos óseos que recuerdan las patas traseras de otros animales? Estas y muchas otras cuestiones parecidas han hecho correr abundante tinta en el mundo de los naturalistas. En *El origen de las especies*, Darwin escribió: «No hay mayor anomalía de la naturaleza que la de un ave incapaz de volar; a pesar de ello, son varias las que se cuentan en ese caso.» Y seguidamente daba su propia respuesta: «Debemos pensar que el progenitor del género de los avestruces tuvo costumbres semejantes a las de la avutarda, y que como el tamaño y el peso de su cuerpo se incrementaron durante generaciones sucesivas, empleó cada vez más sus patas y menos sus alas, hasta que llegaron a ser inútiles para el vuelo.»

A todos estos órganos o estructuras que no parecían tener una utilidad clara en el organismo que los presentaba se les denominó *rudimentarios* o *vestigiales*. Tales estructuras fueron consideradas por los seguidores de Darwin como ejemplos de evolución regresiva o degeneraciones. Sin embargo, no todos estuvieron de acuerdo con esta visión. Hubo quienes interpretaron estos órganos de modo completamente diferente. Así, el duque de Argyll, evolucionista-teísta británico, sostenía en 1870 que los órganos vestigiales eran en realidad estructuras incipientes que se preparaban para ser utilizadas en el futuro, y que gradualmente aumentarían de tamaño hasta que pudieran llegar a ser funcionales. Según tal criterio los ornitólogos llegaron a creer que las aves no voladoras eran muy primitivas y se habían separado pronto del grupo ancestral de las aves, por lo que nunca pasaron por una fase voladora.

Sin embargo, estas ideas no tuvieron aceptación y los evolucionistas se mantuvieron fieles al concepto de regresión propuesto por Darwin. Actualmente las alas de las aves no voladoras se consideran órganos degenerados que han perdido su utilidad inicial. Algo parecido a esto puede comprobarse también en ciertas aves domesticadas. Las distintas razas de gallinas, patos, gansos y ocas que el hombre ha obtenido por selección artificial evidencian, en comparación con sus congéneres salvajes, cierta pérdida de su habilidad para el vuelo. Un pato de corral no vuela como uno salvaje. He aquí una degeneración motivada por la influencia del modo de vida sobre los caracteres heredables. Hasta aquí no hay problemas y todo el mundo parece estar de acuerdo.

No obstante, la discrepancia surge en cuanto se afirma que estos cambios degenerativos constituyen también pruebas de la evolución. ¿Cómo puede la degeneración ser prueba de evolución? Son dos conceptos contradictorios. La idea básica de la teoría evolucionista supone que los seres vivos se han transformado siguiendo la dirección de una complejidad creciente. Se habría progresado desde lo simple a lo complejo. Este planteamiento requiere necesariamente la aparición de órganos y estructuras nuevas que cada vez irían siendo más sofisticadas y perfectas. Sin embargo, los ejemplos de órganos que parecen estar en regresión, indican todo lo contrario. Degenerar no es evolucionar.

En el mundo animal han sido citados numerosos órganos rudimentarios. Entre los más famosos y que con más frecuencia se mencionan en los libros de evolución, aparte de las aves no voladoras, destacan la cintura pélvica de ciertas serpientes, así como las cuatro patas de los eslizones; los músculos intercostales de las tortugas; algunos órganos propios de las ballenas y, por supuesto, los ojos en el topo. Analizaremos estas peculiares estructuras anatómicas.

Serpientes con patas

Una de las principales características de las serpientes es su ausencia total de patas o extremidades. No obstante, algunas especies como las pitones y las boas, aún conservan vestigios de cintura pélvica y de extremidades posteriores. De Beer lo explica así: «En serpientes como la pitón, la presencia de diminutos vestigios del esqueleto de la pelvis y de huesos de las extremidades inferiores, englobados en la pared del cuerpo e inútiles para la locomoción, significa que las serpientes evolucionaron de animales con miembros funcionales normales, y que en la pitón todavía no han desaparecido» (de Beer, 1970). Es evidente que unos huesecillos englobados bajo la pared del cuerpo han de ser necesariamente inútiles para la locomoción, pero esto no significa que no puedan tener otra finalidad.

El doctor Young, refiriéndose a las pitones y boas dice: «En estas serpientes pueden verse unas garras en la parte externa y a cada lado de la cloaca que, según parece, desempeñan un cierto papel en el coito» (Young, 1971). Estas garras, visibles externamente, son uñas terminales o espolones que forman parte de la antes mencionada «cintura pélvica», las cuales sirven para hacer más eficaz el acoplamiento sexual, de modo que tienen una función claramente definida. No es posible determinar si esta peculiar estructura ósea ha derivado por degeneración de las patas funcionales de un hipotético antecesor o ha sido siempre un espolón con función sexual. Lo que sí podemos afirmar es que no es un órgano inútil.

Músculos de tortuga

Se afirma que los músculos intercostales de las tortugas son otro ejemplo de estructura que no tiene ninguna función. Las costillas de estos animales están firmemente cementadas y unidas al caparazón, por lo que en los adultos no es posible ningún tipo de movimiento de estos huesos. Sin embargo, los embriones de las tortugas de agua dulce, pertenecientes al género *Emys*, presentan rudimentos de músculos intercostales en los primeros estadios de su desarrollo. Se dice que estas estructuras vestigiales son evidencias de que las tortugas han evolucionado de otros reptiles que sí podían mover sus costillas gracias a la presencia de estos músculos entre ellos.

Tal razonamiento tiene mucho que ver con la famosa ley biogenética de Haeckel, que ya comentamos en su momento y supone que ciertas estructuras presentes en el embrión recordarían antiguos estadios evolutivos de sus predecesores. Ante todo conviene plantearse la siguiente cuestión: ¿Por qué los embriones de los galápagos tienen músculos entre las costillas que desaparecen en los adultos? Sabemos que las costillas son inmóviles en los ejemplares maduros y que por esta razón se ven obligados a respirar mediante la contracción de los músculos abdominales, que funcionan como el diafragma de los mamíferos, y por medio de movimientos de bombeo de la faringe. Como estas tortugas son acuáticas, pueden respirar también llenando de agua unos sacos especiales que poseen.

No obstante, podemos preguntarnos, ¿cómo respiran sus embriones cuando están protegidos por la cáscara del huevo? Es aquí donde descubrimos la función de los músculos intercostales, en esta fase del desarrollo embrionario. La mayor parte del esqueleto de los embriones está formado al principio por cartílago. El hueso tiene una consistencia dura y rígida, pero el tejido cartilaginoso posee cierta elasticidad (un ejemplo serían los lóbulos de nuestras orejas). Si las costillas embrionarias son cartilaginosas, pueden lógicamente presentar cierta movilidad, lo que explicaría la existencia de músculos entre ellas. Es precisamente en tal periodo cuando esos músculos son útiles para mover las costillas elásticas. Cuando, posteriormente, el cartílago se transforma en inmóvil, todo el esqueleto del embrión se vuelve rígido y los músculos intercostales desaparecen completamente.

Ballenas misteriosas

Los grandes mamíferos cetáceos, habituales de todos los océanos, nos han provisto también ciertos ejemplos de órganos vestigiales. Tres de los más famosos son los huesos de la pelvis, algunos pelos enormes y ciertos dientes embrionarios. Se afirma que los huesos pélvicos aislados en el vientre de las ballenas y de los cetáceos son órganos inútiles que demuestran su descendencia evolutiva a partir de mamíferos terrestres con cuatro patas. Lo primero que es necesario cuestionar es la idea de que se trata de estructuras inútiles. Es evidente que no les sirven para desplazarse, pero los mismos zoólogos evolucionistas, como el profesor Young, les adjudican la función de inserción a los cuerpos cavernosos del pene. Es precisamente por esto por lo que se le ha comparado al isquion de los mamíferos.

Lo mismo ocurre con ciertos folículos pilosos (pelos) que algunas ballenas, como las yubartas, presentan alrededor de la nariz. Al suponer que estos animales descienden de peludos mamíferos terrestres, se dice que perdieron el pelo debido a que la función de este era retener el calor corporal, y ahora esa misión ha sido sustituida por la enorme capa de grasa que poseen, por lo tanto los restos vestigiales de aquel antiguo pelaje serían la veintena de folículos que hoy poseen ciertos cetáceos. Es evidente que veinte pelos no pueden servir para calentar a un animal de su tamaño. ¿Se les puede encontrar alguna otra utilidad?

En realidad no se trata de simples pelos sino de prominencias foliculares que encierran en su interior un par de rígidas y gruesas cerdas sensoriales. Hay muchos mamíferos terrestres que poseen también pelos especiales en el hocico. Son los llamados bigotes, o vibrisas, caracterizadas por su extraordinaria sensibilidad debida a las abundantes terminaciones nerviosas que tienen en su raíz. Los animales nocturnos los tienen más desarrollados que los diurnos. Los grandes bigotes de las focas y demás carnívoros pinnípedos les sirven, entre otras cosas, para detectar cambios de presión en el agua. La biología y los estudios sobre el comportamiento de las ballenas no han progresado tanto como en el caso de otros animales debido a las dificultades de localización y seguimiento. Sin embargo, se sabe que poseen sentidos que hasta hace relativamente poco tiempo ni siquiera se sospechaba de su existencia. Algunos todavía no están bien comprendidos.

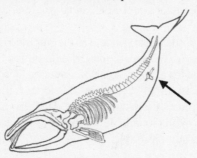

Fig. 11. La reducida pelvis de las ballenas y cetáceos es interpretada por el evolucionismo como restos vestigiales de las patas de sus antepasados. Sin embargo, hoy se sabe que este órgano tiene una función concreta, sirve de inserción a los cuerpos cavernosos del pene.

Estos gigantes del mar poseen, por ejemplo, el sentido magnético; pueden orientarse en la oscuridad del abismo oceánico siguiendo las líneas de fuerza del campo magnético terrestre. De este modo consiguen viajar desde el ecuador hasta los polos. Si alguna vez tal sentido les falla, por ciertas perturbaciones magnéticas provocadas por metales de rocas volcánicas existentes en el fondo del mar, esto hace que grupos enteros de dichos animales embarranquen en las playas. También son capaces de localizar objetos mediante el sonar. El sonido y la audición son elementos que tienen muy desarrollados. Son famosos los «cantos» de las ballenas, que pueden alcanzar bajo las aguas cientos de kilómetros. Sabemos bastante sobre esto, pero es mucho lo que nos queda todavía por descubrir. Es muy probable que el estudio de las células sensoriales de las ballenas demuestre una utilidad específica comparable a la que poseen otros mamíferos acuáticos.

Por otro lado, la idea de que delfines y ballenas hayan perdido el pelo que supuestamente tuvieron no deja de sorprender cuando se observa a los pinnípedos actuales, es decir, las focas, morsas y leones marinos; todos estos son mamíferos perfectamente adaptados al mar, y sin embargo, siguen teniendo el cuerpo cubierto de pelo, y desde luego no muestran evidencias de que este les estorbe o se halle en regresión. Todos estos animales están tan perfectamente adaptados al medio marino que la mayor parte de sus vidas las pasan en el agua, solo van a tierra durante los cortos periodos de la reproducción. Aunque el apareamiento tiene lugar en el agua, el parto y el amamantamiento de las crías se realiza en tierra firme. Son capaces de recorrer largas distancias en sus migraciones hacia los apartados lugares de cría. Durante sus inmersiones pueden descender a más de cien metros de profundidad y permanecer alrededor de media hora sin respirar. Para conseguir estas increíbles apneas, reducen el ritmo de su corazón, pasan de ciento veinte a tan solo cuatro latidos por minuto.

Pues bien, después de todo esto, podemos preguntarnos: ¿Por qué un mismo ambiente favoreció la desaparición del pelo en los cetáceos y no en las focas y otros animales afines? Lo único que verdaderamente puede afirmarse es que las pocas cerdas sensoriales de ciertas ballenas actuales se parecen a los pelos típicos de los mamíferos. Deducir, de este hecho, que ambas especies han evolucionado de antepasados con la piel cubierta de pelo es una hipótesis indemostrable.

En busca del fósil perdido

La ciencia de la paleontología, cuya finalidad es el estudio de los fósiles, aporta evidencias realmente incómodas para la teoría de Darwin. Actualmente se conocen ya más de doscientas cincuenta mil especies de vegetales y animales petrificados. Pues bien, el análisis de los mismos rara vez refleja las numerosas formas de transición entre especies que deberían haber existido si el gradualismo darwinista estuviera en lo cierto. Las especies fósiles no aparecen nunca en los estratos rocosos de manera gradual a partir de una transformación continua de sus antepasados en los estratos más profundos. Surgen siempre de golpe y ya perfectamente formadas. Esto suele ser la regla y no la excepción.

Fig. 12. Fósil de Archaeopteryx, que fue interpretado como eslabón intermedio entre los reptiles y las aves. No obstante, se trataba de un ave perfectamente adaptada a su medio ambiente, como puede serlo el actual hoatzin de las selvas sudamericanas.

No se han encontrado jamás los hipotéticos eslabones perdidos, que según el gradualismo, debieron existir entre invertebrados y vertebrados; o entre peces y anfibios; anfibios y reptiles; reptiles y mamíferos, etc. De ahí la extraordinaria importancia y la publicidad que se genera cuando es descubierto algún posible candidato, como los discutibles *Archeopteryx* y otros pretendidos fósiles intermedios. Tan manifiesto resulta este hecho que eminentes paleontólogos evolucionistas se vieron obligados en 1970 a elaborar una nueva teoría de la evolución que rechazaba los principales planteamientos del darwinismo, la llamada teoría del equilibrio puntuado. Una nueva hipótesis que no necesitaba fósiles intermedios.

Según sus principales proponentes, los paleontólogos Stephen Jay Gould y Niles Eldredge, los fósiles mostrarían que a las grandes extinciones en masa ocurridas en el pasado seguirían diferenciaciones rápidas de nuevas especies que sustituirían a las anteriores. La evolución ya no se podría explicar por tanto como un proceso lento, gradual y ascendente, representado por una línea inclinada, sino más bien como un trazo quebrado al modo de los peldaños de una escalera. Largos períodos de estabilidad en los que las especies no cambiaban y breves momentos de cambio evolutivo rápido. Esto explicaría por qué no se han encontrado los eslabones perdidos. Sencillamente porque nunca habrían existido.

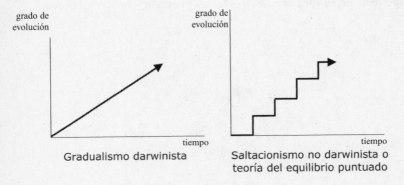

Fig. 13. Comparación entre dos teorías evolucionistas: gradualismo y salta-cionismo.

Por tanto, el gradualismo sería, desde esta perspectiva, una teoría muerta, aunque sorprendentemente continúa apareciendo todavía hoy en los libros de texto como totalmente cierta. Por su parte, los neo-darwinistas como Ernst Mayr insisten en que no se posee ninguna prueba clara de este cambio repentino y brutal de una especie a otra propuesto por los evolucionistas innovadores. De manera que tal polémica es la que persiste actualmente en el seno del evolucionismo.

En medio de estas especulaciones, hay una tercera opción, la de aquellos que conjugan ambas hipótesis y afirman que la evolución podría funcionar gradualmente en determinados casos y por medio de cambios bruscos en otros. No obstante, lo cierto es que si la síntesis moderna no se sostiene como consecuencia de la escasez de fósiles intermedios, mucho menos demostrable resulta la teoría del equilibrio puntual que pretende justificar dicha escasez basada en la suposición de grandes transformaciones en áreas muy reducidas y en un tiempo muy breve, en el que no se habría producido la fosilización. De todo esto se puede concluir que, hoy por hoy, el origen de las especies desde la perspectiva de la ciencia sigue siendo tan oscuro como en los días de Darwin, aunque pocos investigadores se atrevan a confesarlo o quieran reconocerlo.

El gran engaño de los embriones

El estudio comparado del desarrollo de los embriones aportaría, según el darwinismo, otra de las pruebas clásicas en favor de la evolución. Al parecer, determinadas similitudes entre embriones de peces, aves, mamíferos y seres humanos demostrarían que todos ellos descenderían de antepasados comunes parecidos a los peces.

Darwin lo explicaba así: «De dos o más grupos de animales, aunque difieran mucho entre sí por su conformación y costumbres en estado adulto, si pasan por fases embrionarias muy semejantes, podemos estar seguros de que todos ellos descienden de una misma forma madre y, por consiguiente, de que tienen estrecho parentesco. Así, pues, la comunidad de estructura embrionaria revela la comunidad de origen ... La embriología aumenta mucho en interés cuando consideramos al embrión como un retrato, más o menos borroso, del progenitor de todos los miembros de una misma gran clase» (Darwin, 1980: 446-447).

Estas ideas fueron recogidas en la llamada *Ley biogenética de Haeckel*, que afirmaba que la ontogenia o desarrollo embrionario de un organismo era una recapitulación breve de su filogenia o secuencia evolutiva de las especies antecesoras. Es decir que, durante los primeros estadios en el útero materno, los embriones pasaban por formas que recordaban las transformaciones experimentadas por sus ancestros a lo largo de la evolución. Se señalaba, por ejemplo, que en los embriones humanos, igual que en los de gallina, se podían observar arcos aórticos similares y un corazón con solo una aurícula y un ventrículo como el que poseen los peces actuales. Esto se interpretaba como una prueba embriológica de que tanto los hombres como las aves habían evolucionado a partir de sus antepasados los peces.

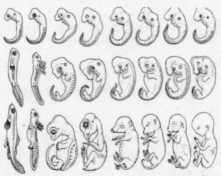

Fig. 14. Comparación entre algunas fases del desarrollo embrionario de ocho especies animales: pez, salamandra, tortuga, pollo, cerdo, ternero, conejo y hombre. Sin embargo, hoy se sabe que los dibujos de Haeckel fueron retocados para que coincidieran con la teoría de la evolución. La realidad es muy distinta.

El problema de los dibujos que realizó Haeckel (Fig. 14), como se pudo comprobar años después, es que fueron maliciosamente retocados en las primeras etapas para que se parecieran entre sí. En realidad, cuando se analizan los embriones tempranos de las diferentes clases de vertebrados, se observa que estos presentan notables diferencias. El de los peces posee casi un aspecto esférico. En los anfibios es más ovalado. Los reptiles se caracterizan por su alargamiento, mientras que en las aves se alcanza un mayor tamaño de la cabeza. No cabe duda de que el embrión de los mamíferos es el más complejo desde el punto de vista estructural. Esto lo explica con mucho detalle el biólogo norteamericano Jonathan Wells en su obra *Icons of Evolution* (Fig. 15).

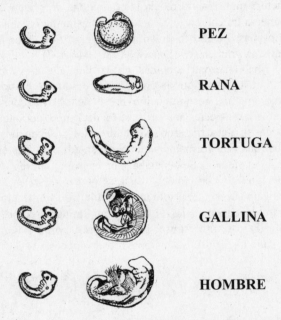

PEZ

RANA

TORTUGA

GALLINA

HOMBRE

Fig. 15. A la derecha: aspecto real de los embriones durante la primera etapa de su desarrollo. A la izquierda: dibujos realizados por Haeckel para esa misma etapa. (Modificado de Wells, 2000).

Son tantos los datos de la embriología que contradicen esta ley que pronto fue abandonada por la comunidad científica. Sin embargo, a pesar de este rechazo, lo cierto es que todavía continúa apareciendo en los textos escolares de secundaria como una confirmación de la teoría transformista. En la actualidad, los embriólogos saben que los embriones de los vertebrados se diferencian progresivamente en varias direcciones, solo para converger en apariencia a mitad del proceso y luego volver a diverger hasta formar órganos o estructuras que pueden ser parecidas entre sí, pero que se han formado a partir de células o tejidos absolutamente diferentes.

Por ejemplo, la presencia en los embriones de los mamíferos de un corazón con dos cavidades y unos arcos aórticos parecidos a los de los peces se debe a que tales embriones solo necesitan en las primeras etapas de su desarrollo una circulación simple, ya que están alimentados a través de la placenta materna. Pero más tarde, la circulación sanguínea se vuelve doble a fin de que los pulmones permitan la respiración autónoma del bebé. De manera que la presencia de tales órganos se debe a las diferentes necesidades fisiológicas del embrión durante el desarrollo y no a su pretendido parentesco evolutivo con los peces. La forma de los órganos de los embriones viene impuesta por las exigencias fisiológicas y no por su pasado filogenético.

Contra las pretensiones de la ley biogenética, finalmente ha sido la genética quien ha aportado la prueba definitiva. El ADN de cada especie está determinado únicamente para desarrollar el cuerpo de los individuos que pertenecen a dicha especie. No es capaz de volver a recrear en el desarrollo embrionario las etapas de otros organismos supuestamente anteriores y relacionados entre sí. El genoma de cada ser vivo solo expresa aquello que corresponde a su propio género.

Como reconoce el evolucionista Pere Alberch, del Museo de Zoología Comparada de la Universidad de Harvard: «El descubrimiento de los mecanismos genéticos dio la puntilla definitiva a las leyes de Haeckel, demostrando que la teoría de la recapitulación no puede ser justificada fisiológicamente ... En resumen, la biología del desarrollo jugó un papel cada vez menor en la teoría de la evolución. Muestra de ello ... es el insignificante papel que tuvo la embriología en la llamada "Nueva Síntesis" darwiniana de los años 40 de este siglo» (Alberch, 1984: 410).

La ley biogenética de Haeckel no es capaz de explicar los hechos comprobados por la embriología, ni constituye tampoco un argumento sólido en favor del darwinismo, y además fue abandonada por la ciencia hace ya muchos años, ¿cómo es que continúa apareciendo todavía como prueba de la evolución en tantos libros escolares?

Límites de la ciencia

El mito del evolucionismo propuesto por Darwin ha sido utilizado durante todo el siglo XX por los partidarios del materialismo puro para corroer la creencia en un Dios Creador. Muchos pensadores cristianos, como Pierre Teilhard de Chardin y otros, procuraron hacer frente a tal ataque conciliando la teoría transformista con la fe, abundando en la posibilidad de que la creación hubiera ocurrido mediante un proceso de evolución darwinista dirigido por Dios. Se elaboró así una moderna cosmogonía evolucionista-teísta que suavizaba el relato bíblico, reduciéndolo a una especie de parábola constituida por verdades simbólicas que no debían interpretarse en sentido literal. De esta manera se pretendía que la Biblia no entrara en conflicto con los enunciados transformistas de la ciencia que, en aquella época, se consideraban verdaderos.

Tal como resalta el catedrático de Antropología Social de Cambridge, Ernest Gellner: «Los creyentes "modernos" no se preocupan por la incompatibilidad entre el libro del Génesis y el darwinismo o la astrofísica contemporánea. Dan por sentado que los enunciados, si bien en apariencia tratan de los mismos sucesos —la creación del mundo y los orígenes del hombre—, están en realidad en niveles muy distintos o incluso, como dirían algunos, en lenguajes completamente distintos, en tipos de "discurso" diferenciados o separados. Hablando en general, las doctrinas y las exigencias morales de la fe se convierten así en algo que, debidamente interpretado, apenas está "curiosamente" en conflicto con la sabiduría secular de la época, o con nada en realidad. Así descansa la paz y la vacuidad doctrinal» (Gellner, 1994: 16).

Sin embargo, a principios del siglo XXI, los últimos descubrimientos de la ciencia parecen sugerir que esta batalla era innecesaria. Hay evidencia de la variabilidad que existe dentro de las especies, pero no la suficiente como para explicar las profundas transformaciones requeridas por el darwinismo. Los seres vivos prosiguen reproduciéndose según su género y no salen del cuadro estructural al que pertenecen, tal como afirma el relato del Génesis. Los cambios observados tampoco van siempre de lo simple a lo complejo, como se suponía, sino que desde el principio las estructuras celulares y los procesos metabólicos demuestran una alta complejidad que se mantiene hasta hoy y que solo puede ser interpretada apelando a un Creador inteligente.

Toda la información de que dispone la ciencia en la actualidad apunta hacia un principio del universo en el tiempo y el espacio. La física y la cosmología han descubierto que la materia no es eterna como antes se creía, sino que empezó a existir en un momento determinado. Miles de acontecimientos físicos y químicos se dan la mano de forma asombrosa en el planeta Tierra para hacer posible la vida humana y del resto de los organismos. Pero, a la vez, la ciencia ha demostrado que en ningún lugar del planeta aparece actualmente la vida de manera espontánea, como consecuencia de las leyes naturales.

El descubrimiento del ADN y de la sofisticación del genoma humano, así como de la complejidad irreducible que hay en cada célula viva, sugieren también la necesidad de un diseñador que lo haya planificado todo. No obstante, el acto mismo de la creación sigue envuelto en la bruma del misterio, y aunque nos fuera explicado por el mismo Dios, seguramente tampoco seríamos capaces de entenderlo. El nivel de los conocimientos científicos actuales no está a la altura requerida, aunque lo que cada vez resulta más evidente es que tal proceso creador no es ni mucho menos el transformismo lento y azaroso propuesto por Darwin, sino que más bien se perfila como un diseño perfecto, complejo y consumado desde el primer momento.

El estudio de los orígenes continúa siendo uno de los principales retos para la ciencia del tercer milenio. En lo más hondo del alma humana sigue latiendo el deseo de desentrañar los misterios que hay detrás de las leyes que rigen el universo y de los seres vivos que lo habitan. Es el eterno desafío de intentar comprender la mente del Creador. Pero conviene reconocer que hay cosas que la ciencia nunca podrá hacer, como revelar el carácter del supremo diseñador o su plan de salvación para la criatura humana. Esto es algo que pertenece a la teología.

A pesar de ello, la evidencia de designio y propósito en la naturaleza interpela directamente a cada ser humano. De tal manera que como afirma el apóstol Pablo: «Desde la creación del mundo las cualidades invisibles de Dios, es decir, su eterno poder y su naturaleza divina, se perciben claramente a través de lo que él creó, de modo que nadie tiene excusa» (Romanos 1:20). El diseño inteligente demanda una respuesta de cada persona. Una actitud de aceptación o de rechazo. Dios se ha manifestado también en el mundo natural, y por tanto, no valen las ambigüedades. La creación es la evidencia del Creador y seguirá siendo el fundamento de là visión cristiana del mundo.

5

DISEÑO, ¿APARENTE O REAL?

La biología experimentó durante el pasado siglo XX tres grandes revoluciones. La primera fue la revolución darwiniana, que introdujo en la ciencia la creencia del origen único de todos los seres vivientes, incluido el propio hombre. Se empezó a aceptar que la complejidad y el aparente diseño de todo lo vivo se debía solo a las leyes de la evolución que actuaron al azar sobre la materia simple y desordenada. La segunda revolución vino provocada por el descubrimiento del ADN como molécula poseedora de la información genética de los organismos. Y la tercera, que en mi opinión se opone a la primera, es la revolución que supone el descubrimiento de la universalidad del diseño genético de los animales. Hoy se ha hecho evidente que todos los habitantes de este planeta presentan un plan original escrito en sus genes, minuciosamente concebido para que sean como son y puedan sobrevivir en el medio que lo hacen o adaptarse a otro, si es que las condiciones lo requieren. Frente al azar propuesto por la primera revolución se levanta el diseño que viene de la mano de la tercera.

Uno de los pensadores que desarrollaron el argumento acerca del diseño inteligente que evidencia la naturaleza fue el teólogo protestante y filósofo inglés del siglo XVIII, William Paley (1743-1805), en su *Teología natural.*

En el párrafo inicial de dicha obra escribió las siguientes palabras: «Supongamos que, al cruzar un brezal, mi pie tropezara con una piedra, y me preguntaran cómo llegó la piedra a estar allí; yo podría responder que, según mis conocimientos, la piedra pudo haber estado allí desde siempre; y quizá no fuera muy fácil demostrar lo absurdo de dicha respuesta. Pero supongamos que encontrara un reloj en el suelo, y me preguntaran cómo apareció el reloj en ese lugar; ni se me ocurriría la respuesta que había dado antes, y no diría que el reloj pudo haber estado ahí desde siempre. ¿Pero por qué esta respuesta no serviría para el reloj como para la piedra, por qué no es admisible en el segundo caso como en el primero? Pues por lo siguiente: cuando inspeccionamos el reloj, percibimos algo que no podemos descubrir en la piedra, que sus diversas partes están enmarcadas y unidas con un propósito, es decir, que fueron formadas y ajustadas para producir movimiento, y que ese movimiento se regula para indicar la hora del día; que si las diferentes partes hubieran tenido una forma diferente de la que tienen, o hubieran sido colocadas de otro modo o en otro orden, ningún movimiento se habría realizado en esa máquina, o ninguno que respondiera al uso que ahora tiene ... Observando este mecanismo, se requiere un examen del instrumento, y quizás un conocimiento previo del tema, para percibirlo y entenderlo; pero una vez observado y comprendido, como decíamos, es inevitable la inferencia de que el reloj debe tener un creador, que tiene que haber existido, en algún momento y lugar, un artífice o artífices que lo formaron para el propósito que actualmente sirve, que comprendió su construcción y diseñó su uso» (Behe, 1999: 261-262).

Paley concluyó de este razonamiento que, de la misma manera, los seres vivos que pueblan la Tierra son altamente complejos y, por tanto, demandan la existencia de un Creador que los haya planificado. Fue muy criticado por culpa de las exageraciones que empleó en algunos de sus argumentos pero, en mi opinión, en este del reloj jamás ha podido ser refutado. Ni Darwin ni ninguno de sus seguidores hasta hoy han sido capaces de explicar cómo es posible que un sistema tan complejo como un reloj (*irreductiblemente complejo* según Behe), se haya podido originar sin la intervención de un relojero que lo diseñara.

Sin embargo, hubo serios intentos de rebatirlo, como el del filósofo David Hume, quien arguyó que el argumento del diseño no era válido porque comparaba dos cosas que, en su opinión, no se podían comparar: una máquina y un organismo biológico. Es verdad que en aquella época no se podían comparar. No obstante, los avances de la bioquímica se han encargado de demostrar que Hume no tenía razón. Hoy se sabe que ciertos mecanismos biológicos son capaces de medir el tiempo como si fueran relojes.

Las células que controlan los latidos del corazón, el sistema hormonal que es capaz de iniciar la pubertad o la menopausia, las proteínas que ordenan a las células cuándo se tienen que dividir y otros similares, indican que la analogía entre un organismo viviente y un reloj no es tan disparatada. Además muchos de los componentes bioquímicos de la célula actúan como engranajes, cadenas flexibles, cojinetes o rotores similares a los que tienen los relojes. Los mecanismos de realimentación que se emplean en relojería también se dan en bioquímica. Incluso es posible que en el futuro se pueda llegar a diseñar relojes mediante materiales exclusivamente biológicos. Por tanto, la crítica de Hume ha quedado anticuada y ha sido descartada por los descubrimientos de la bioquímica moderna.

Otro argumento contrario al diseño inteligente es el de la imperfección. Si hay —se dice— un Creador sabio que diseñó la vida en este planeta, entonces debió hacerlo todo de manera perfecta, ¿por qué pues existen las imperfecciones? ¿Por qué posee el ojo humano un punto ciego? ¿A qué se debe el derroche de tantos genes sin función como existen en el ADN? ¿Por qué hay órganos rudimentarios que no tienen función? ¿No encaja todo esto mucho mejor con la selección natural al azar que con una planificación inteligente? Este presuntuoso razonamiento se basa en la equivocación de creer que se conoce la mente o los motivos del Creador. Si algo no concuerda con la concepción humana de cómo deberían ser las cosas, entonces se concluye que no puede existir tal proyectista original.

Sin embargo, es posible recurrir aquí a una analogía entre el diseñador por excelencia y los padres humanos. Piénsese, por ejemplo, en la educación de los hijos. ¿Otorgan siempre los padres a sus pequeños todo aquello que estos les piden? ¿No hay muchos progenitores que niegan a sus descendientes los mejores juguetes, o los más caros y sofisticados, con el fin de no malcriarlos o de que aprendan a valorar el dinero? A veces, lo mejor no es lo más conveniente. El argumento de la imperfección pasa por alto el hecho de que el Creador pudo tener muchas razones para hacer las cosas como las hizo, y que aquello que en la actualidad se considera como óptimo, no tenía por qué serlo también en los planes del diseñador.

Pretender realizar un análisis psicológico del Creador que revele los motivos de su actitud es una tarea muy arriesgada, a no ser que él mismo manifestara su finalidad. También es posible que muchas de las imperfecciones que existen actualmente en el mundo natural no hayan sido diseñadas así desde el principio, sino que se deban a degeneraciones genéticas provocadas por los cambios y la influencia del medio ambiente.

El argumento que supone que un Creador sabio habría hecho el ojo de los animales vertebrados sin un punto ciego y que, por tanto, lo más razonable sería creer que este fuera el producto de la evolución darwiniana no dirigida, se basa en un sentimiento emocional de cómo deberían ser las cosas y no en el rigor científico. Pues lo cierto es que cuando se analiza a fondo la bibliografía especializada, no se descubren pruebas que demuestren cómo es posible que la selección natural, actuando sobre las mutaciones al azar, sea capaz de originar un ojo con su punto ciego o cualquier otro órgano irreductiblemente complejo. «Un observador más objetivo solo llegaría a la conclusión de que el ojo de los vertebrados no fue diseñado por una persona a quien le impresionara el argumento de la imperfección» (Behe, 1999: 277).

Tampoco la existencia de los órganos vestigiales (como los ojos rudimentarios de los insectos cavernícolas o de algunos topos que viven siempre en la oscuridad, las pequeñas patas de ciertos lagartos parecidos a serpientes, la pelvis reducida de las ballenas o la existencia de seudogenes) es capaz de destruir el argumento del diseño inteligente. El hecho de que no se haya descubierto todavía la función de una determinada estructura no significa que carezca de ella. Antes se pensaba, por ejemplo, que las amígdalas no servían para nada. Hoy se sabe que poseen una función importante dentro del sistema inmunitario. Lo mismo puede decirse del apéndice cecal en el intestino, que es un órgano linfoide que participa también en la producción de defensas contra las infecciones.

La lista con más de doscientos órganos humanos considerados rudimentarios a principios del siglo XX se ha ido reduciendo hasta prácticamente desaparecer, ya que se ha descubierto que cada uno de ellos cumple con alguna función útil por reducida que sea. Se ha señalado que la pelvis en las ballenas hace posible la erección del pene en el macho y contribuye a la contracción de la vagina en la hembra. Parece que los seudogenes no forman proteínas, pero deducir de esto que no sirven para nada es una conjetura arriesgada y prematura que se basa en suposiciones. Más adelante veremos que sí tienen una importante misión. Pero incluso aunque carecieran de alguna función, esto tampoco explicaría cómo se habrían podido producir por selección natural. De todo ello puede deducirse que el argumento de la imperfección es incapaz de refutar la opinión de un Creador original.

Lo que está ocurriendo actualmente es que la teoría del diseño inteligente que se opone al darwinismo está cobrando cada vez más adeptos en el estamento científico. Son ya bastantes los estudiosos de prestigio que se han quejado de los planteamientos propuestos por el evolucionismo darwinista, que parecen conducir inevitablemente a un callejón sin salida para sus investigaciones.

En este sentido el profesor Chauvin confiesa al principio de su obra: «Somos personas centradas en la práctica, con los pies en el suelo: lo que nos interesa de una teoría es que sea eficaz, que inspire experimentos. Ahora bien (y ya estoy oyendo chillar a algunos fanáticos), ¿reúne el darwinismo todavía estas condiciones? Es innegable que el darwinismo le ha dado un gran impulso a la biología, ¿pero puede Darwin todavía aportarnos algo? Creo que no, y no solo porque se hayan proferido demasiados disparates y errores en su nombre ... Me parece que desde hace años la convicción de que el darwinismo era la respuesta definitiva ha paralizado la investigación en otras direcciones ... hoy día no tenemos ninguna alternativa al darwinismo, salvo la de buscar una nueva teoría, cosa que hasta ahora no se ha intentado seriamente» (Chauvin, 2000: 14).

Sin embargo, casi al final de su libro propone la siguiente idea: «Planteo la hipótesis de que podría haber dos programas, el de la doble hélice primero, relativamente a corto plazo, y otro programa a muy largo plazo, situado sin duda en el citoplasma, y del cual dependería la auténtica evolución de las especies. Esta hipótesis, en apariencia gratuita, podría desembocar en experimentos interesantes» (Chauvin, 2000: 281). Rémy Chauvin está convencido de que las especies han evolucionado, pero no mediante los mecanismos que propone el darwinismo, sino por medio de algún programa todavía desconocido que debe estar escrito en el interior de las células. Pero si esto es así, la existencia de un programa requiere también la de un diseñador. Según sus propias palabras: «No seamos hipócritas: cierto es que todo programa supone la existencia de un programador, y ninguna acrobacia dialéctica puede llevarnos a esquivar esta dificultad.»

De manera que la teoría de un diseño inteligente puede convertirse en un nuevo paradigma científico capaz de revolucionar la ciencia en el tercer milenio. A partir de ahora, si se abandonan los principios de Darwin, quizá será posible plantear experimentos que permitan demostrar qué sistemas biológicos fueron diseñados originalmente por el Creador y qué otros pudieron aparecer por mecanismos derivados de esa primera planificación.

La aceptación del diseño inteligente será sin duda capaz de hacer avanzar el conocimiento científico de los orígenes, tema que durante muchos años ha permanecido prácticamente estéril. Esto no significa que, de repente, todos los científicos tengan que volverse creyentes en el Dios de la Biblia (¡ojalá fuera así!), sino que de la misma manera en que es posible estudiar un meteorito que hace miles de años impactó con el planeta, analizando los elementos químicos que dejó esparcidos en un determinado lugar de la superficie terrestre, también resulta posible para la ciencia comprobar los efectos que un diseñador inteligente dejó patentes en los organismos vivos.

Es cierto que ninguna teoría científica puede imponer la creencia en Dios por la fuerza de la razón. La detección del diseño en el mundo natural no es capaz de facilitar información acerca del carácter del diseñador. Los investigadores ateos o agnósticos seguramente continuarán creyendo que la inteligencia creadora surgió de misteriosos alienígenas que sembraron la Tierra con esporas vitales en una «panspermia dirigida» (lo cual no hace sino retrasar el problema del origen de la vida), o en cualquier otra hipótesis, mientras que los creyentes, como es obvio, preferiremos aceptar que el diseñador fue el Dios personal que se revela en las Escrituras. Pero, a pesar de que la identidad del diseñador es ignorada por la ciencia, lo cierto es que esta se abre por completo a la necesidad de su existencia. La gran revolución que debe asumir la comunidad científica en el siglo XXI es que la vida no procede de simples leyes naturales como se pensaba hasta ahora, sino de un diseño realizado por un agente inteligente. Y para los cristianos, desde la perspectiva de la fe, tal agente seguirá siendo el Dios de la Biblia.

La censura al argumento del diseño se ha fundamentado, durante más de un siglo, en la teoría darwinista de la selección natural. Según ella todos los seres vivos de este planeta habrían surgido por medio de la combinación del azar y la poderosa selección natural. Aunque pudiera parecer que tales formas vivas muestran indicios de diseño o de estar orientadas hacia una finalidad concreta, lo cierto sería más bien todo lo contrario. La selección natural no hace planes de futuro, no tiene visión para anticipar las cosas, ni intenciones previas, ni diseño inteligente, ni nada de nada. Es, en cualquier caso, como un relojero ciego y sin voluntad. De ahí que, según este criterio, no resulte posible comparar un reloj con un ser vivo.

Siempre me ha sorprendido la credulidad que hay que tener para aceptar tales planteamientos. ¿Cómo no ver que cuando se multiplica azar por azar solo puede surgir más azar? ¿Acaso no es un salto de fe asumir que el producto de la casualidad de las mutaciones por la casualidad de la selección natural que actúa en el medio ambiente, sea capaz de dar lugar a estructuras tan poco azarosas o casuales como el cerebro humano? ¿Cómo se puede pensar que esto sea un hecho científico? Es evidente que la selección natural ciega se da en la naturaleza, de la misma manera que la selección artificial dirigida por el hombre se da también en las granjas y corrales, pero que sus efectos sean tan asombrosamente creativos como para producir, prácticamente de la nada, la maravillosa diversidad y el diseño de los seres vivos, es algo contrario al sentido común y a toda lógica.

Incluso aunque se siga esta misma línea de razonamiento evolucionista, se llega pronto a un importante absurdo: ya que el relojero que fabricó el reloj es un ser humano y, según el darwinismo, producto también del azar y la selección natural, entonces deberíamos admitir necesariamente que su obra artesanal, el reloj, fue fabricado sin finalidad alguna, sin previsión, sin plan de futuro, ya que procede de un individuo que habría sido creado de esa forma. ¿Cómo puede un ser surgido por casualidad originar obras con finalidad? ¿Es capaz lo incausado de diseñar y ser causa de algo? ¿No resulta todo esto, en el fondo, insensato e inaceptable?

La objeción evolucionista al argumento del diseño ha entrado hoy en una grave crisis, ya que su principal apoyo, el mecanismo de la selección natural, se ha puesto en entredicho por parte de los propios científicos transformistas. A lo largo de la década de los setenta el paleontólogo Stephen Jay Gould fue uno de los primeros en perder la fe en la selección natural y en inducir también a otros a perderla. Al constatar las importantes lagunas del registro fósil y darse cuenta de que la mayoría de las especies petrificadas aparecían ya perfectamente formadas en los estratos, entendió que el gradualismo propuesto por Darwin, así como su método de la selección natural, no podían explicar los hechos. Entonces propuso otra teoría, la del equilibrio puntuado, en la que se evidenciaba su deseo de encontrar un mecanismo genético mucho más rápido que la selección natural y que no requiriera tantos fósiles intermedios como el darwinismo.

Actualmente el evolucionismo esta dividido en tres bandos: los neodarwinistas ortodoxos, que se mantienen fieles a la selección natural; aquellos otros que prefieren la estabilidad de las especies a lo largo de toda su existencia, tal como propone el equilibrio puntuado, pero con grandes cambios adaptativos originados, según se cree, en breves momentos y en áreas geográficas muy restringidas; y por último, quienes conciben la evolución como una mezcla de ambos planteamientos. No obstante, esta diversidad de criterios indica que el hipotético mecanismo de la evolución sigue sumido en la más absoluta oscuridad. Hoy por hoy, las teorías de la selección natural continúan basándose en suposiciones no demostradas, pues extrapolar los resultados de experimentos que solo han durado unos meses a la inmensidad de los tiempos geológicos constituye una auténtica extravagancia (Chauvin, 2000). De manera que el tradicional argumento del diseño continúa con la misma irrefutable validez que en los días de Newton, Tomás de Aquino o el mismo William Paley.

El diseño del universo es real

Una de las empresas más arduas del evolucionismo materialista ha sido siempre la de convencer a la sociedad de que las evidentes huellas de diseño que se aprecian en la naturaleza no son más que pura apariencia. Darwin fue el primero en afirmar tal paradoja y después de él han sido legiones los cantores que se han apuntado a su coro del no-diseño. Una de las últimas voces en arribar a tal agrupación de divos, tararea lo siguiente: «La evolución biológica que nos ha conducido a ser como somos no es una obra de ingeniería intencional, sino el resultado inconsciente de factores aleatorios y fuerzas naturales. Sin embargo, la presión selectiva del ambiente ha conducido al desarrollo y pervivencia de numerosos rasgos adaptativos de los organismos, rasgos comparables funcionalmente a los que resultan del diseño consciente de los ingenieros» (Mosterín, 2001: 20).

Según esta opinión, habría diseño pero sin proyecto, sin intención, sin ingeniero previo; se trataría de un diseño aparente del que solo cabría responsabilizar al caos, a las fuerzas de la naturaleza o al azar ciego, pero nunca jamás a una mente omnisciente como la de Dios. Esto es lo que se ha venido asumiendo generalmente durante más de cien años por parte de bastantes pensadores, hombres de ciencia y público en general. La idea que predominaba hasta hoy en el estamento científico era que aunque parecemos diseñados, en realidad no seríamos fruto de ningún diseño racional o intencionado. Por tanto, la fe en el Creador debería sustituirse por la fe en la naturaleza, y así, del teísmo, se habría pasado progresivamente al naturalismo.

Esto se hace patente, por ejemplo, en las declaraciones del famoso físico y matemático inglés Paul Davies, quien unas veces parece hacer guiños al diseño inteligente, mientras que otras lo rechaza abiertamente. El capítulo trece de su best-seller *Dios y la nueva física*, termina con las siguientes palabras: «La aparentemente milagrosa concurrencia de valores numéricos que la naturaleza ha asignado a sus constantes fundamentales sigue siendo el indicio más importante de la existencia de un proyecto cósmico» (Davies, 1988b: 226). Sin embargo, en otras páginas se puede leer: «Nuestra conclusión debe ser que no solo no hay pruebas científicas positivas en favor de un diseñador y creador del orden cósmico (en el sentido de la entropía negativa), sino que existen grandes esperanzas de que las actuales teorías de la física proporcionen una explicación perfectamente plausible de estos temas» (222). Y algo todavía más sorprendente: «Puede parecer extraño, pero, en mi opinión, la ciencia ofrece un camino más seguro hacia Dios que la religión. Correcta o equivocadamente, el hecho de que la ciencia haya avanzado en realidad hasta el punto de que puede abordar seriamente cuestiones consideradas con anterioridad como religiosas, indica por sí misma las posibles consecuencias trascendentales de la nueva física» (VII).

¿En qué quedamos? ¿Se acepta o no se acepta la existencia del Creador? En el fondo, el Dios al que se refiere Davies es la propia naturaleza. Unas veces confiesa su convicción de que «hay más en el mundo que lo que se muestra ante nuestros ojos», pero otras argumenta que si se admite a Dios como causa primera de todo, ¿por qué no admitir que el universo se causó a sí mismo sin necesidad del Creador? ¿Acaso no se necesita la misma credulidad en ambos casos?

De manera que, según él, Dios sería la física impersonal, una realidad natural pero no sobrenatural, sin voluntad, plan cósmico o moralidad alguna. Su fe sería, en el fondo, la del panteísmo evolucionista, según la cual Dios se realiza a sí mismo mediante el devenir del universo, pero no la fe bíblica en el Dios personal que existe fuera del cosmos. Como él, muchos científicos y pensadores actuales reconocen las evidencias de diseño que hay en el universo, pero las atribuyen a la labor misteriosa de la diosa Naturaleza.

Sin embargo, el panteísmo ha incurrido siempre en graves contradicciones. ¿Qué clase de Dios es ese que se realiza y cambia constantemente con el mundo? ¿No es una cualidad divina la inmutabilidad y la permanencia? ¿Acaso no es su esencia la simplicidad y no la pluralidad propia del universo? ¿Dónde queda la libertad de un Dios que es prisionero de su creación y va creciendo a medida que esta se desarrolla? Y si Dios no es libre, ¿puede serlo el ser humano?

Si se le roba al hombre la libertad se le quita también su responsabilidad y la diferencia entre el bien y el mal queda destruida. El panteísmo socava los fundamentos de la moral y al no distinguir adecuadamente entre Dios y el hombre, atenta también contra las bases de la fe cristiana. ¿Por qué habría que amar al prójimo como a uno mismo y preocuparse por la situación social, si no es posible cambiar su destino determinado en el plan cósmico panteísta?

No obstante, la evidencia de la conciencia humana contradice la fe panteísta que propone el señor Davies. El sentido común nos sugiere que si no fuésemos seres independientes no seríamos tampoco capaces de tener conciencia ninguna del yo. Cada uno de nosotros se sabe, en lo más íntimo de su ser, distinto y muy diferente de Dios, así como del resto de la creación. Esta es inmanente, es decir, sujeta a la experiencia de nuestros sentidos materiales, pero el Creador es trascendente, ya que supera dicha experiencia. A Dios no se le puede ver con los ojos o con el telescopio, ni medir con el sistema métrico o investigar en el laboratorio, porque su esencia trasciende la realidad creada. Pues bien, esto nos lleva a creer que lo inmanente no puede ser causa de sí mismo, sino que requiere de la existencia previa de un ser trascendente que lo haya originado. Un Creador incausado que sea la causa primera de todo. Estamos convencidos de que este argumento es mucho más sólido que el de suponer que la naturaleza se haya hecho a sí misma a partir de la nada.

Algunos prefieren crear a ET (el famoso extraterrestre de Hollywood) que creer en Dios. Apuestan ansiosamente por la búsqueda de inteligencia extraterrestre para explicar el origen de la vida en la Tierra, negándose así a la posibilidad de lo divino y trascendente. Se llega incluso a decir que quizás en algún lejano y desconocido planeta de alguna remota galaxia la vida habría podido surgir por azar con mucha más facilidad que en el nuestro, y haber evolucionado, según la teoría gradualista de Darwin, mediante la existencia de fósiles intermedios que estarían enterrados en los estratos rocosos de tan misterioso e hipotético planeta (Sampedro, 2002). Y una vez alcanzada la inteligencia necesaria para abandonar dicho mundo y volar al nuestro, los gérmenes vitales habrían sido plantados aquí, mediante una «panspermia dirigida» por «ETs» superinteligentes.

Aunque parezca mentira, esta increíble hipótesis no fue propuesta por ningún novelista imaginativo, sino por uno de los descubridores de la doble hélice del ADN en 1981, el prestigioso premio Nobel, Francis Crick. Después de él otros científicos relevantes han adoptado su misma idea. Si Darwin quiso matar a Dios, algunos de sus descendientes pretenden ahora resucitar a E.T. Esto recuerda a aquel becerro de oro mediante el que los hebreos querían sustituir a Dios, aprovechando la ausencia de Moisés, ante la falda del monte Sinaí. Pero lo cierto es que tales salidas de tono, de quienes son incapaces de aceptar la evidencia, no pueden demostrar que el diseño sea solo aparente.

Los últimos descubrimientos científicos ponen patas arriba dichas ideas naturalistas y nos obligan a fijarnos de nuevo en los antiguos argumentos acerca del diseño de la materia y los seres vivos. La teoría de la relatividad de Einstein, la mecánica cuántica, la revelación de la estructura helicoidal del ADN así como de los mecanismos de la herencia o la complejidad de los genes, los sorprendentes hallazgos bioquímicos en el interior de las células y la gran revolución del mundo de la informática, han confluido para que muchos investigadores vuelvan a hablar en nuestros días sobre un tema que ya parecía descartado, el diseño del universo y la vida. Hasta los propios biólogos ateos se refieren hoy a la universalidad del «diseño genético» que se aprecia en los animales. Y es que el lenguaje les traiciona, pues hablan con toda naturalidad de diseño, sin aceptar la existencia de una mente diseñadora.

El elevado contenido de información y complejidad que hay en cada célula viva, en el lenguaje de sus ácidos nucleicos, así como en las miles de proteínas y las precisas interrelaciones que se dan entre ellas, es algo real que no puede explicarse recurriendo a la casualidad. Todos los ambientes naturales que se han estudiado, o imaginado en el laboratorio, han demostrado ser inadecuados para crear la vida o para generar información compleja. Los intentos por probar que el orden puede salir del desorden, como consecuencia de las solas leyes naturales, han fracasado estrepitosamente. La genética moderna ha comprobado que muchos genes actuales con idénticas funciones, tanto en el ser humano como en moscas o ratones, ya existían tan complejos como los actuales en los primeros seres vivos, y no han cambiado con el transcurso del tiempo.

Evidencias como estas son las que han hecho cambiar la manera de pensar de muchos científicos y filósofos contemporáneos. La duda ha empezado a hacer mella en la conciencia de investigadores tradicionalmente agnósticos. Si antes se creía que el azar y la necesidad eran suficientes para explicar el origen de la vida en la Tierra, es cada vez mayor el número de quienes afirman que los nuevos hallazgos de la ciencia demandan causas inteligentes. Hoy ya no se puede ignorar esta realidad. Igual que no es razonable concebir la escultura de David sin pensar inmediatamente en Miguel Ángel, o un programa de diseño por computadora de la compañía *Macintosh* sin suponer detrás un equipo de expertos informáticos, tampoco es sensato contemplar el orden y la complejidad del universo sin ver en todo ello la acción de un agente inteligente.

Perfección original

La idea de progreso está íntimamente ligada a la teoría de la evolución. Según esta, todos los seres vivos que hoy existen en el planeta serían los descendientes transformados de organismos anteriores mucho más simples que ellos. Empezando por el principio, se asume que las células microscópicas habrían dado lugar después de millones de años a pequeños animales marinos sin esqueleto interno, de estos surgirían los vertebrados más complejos y así sucesivamente todas las formas sofisticadas que viven en la actualidad. El cambio progresivo que se propone iría generalmente de lo simple a lo complejo pero casi nunca al revés, si se exceptúan algunos parásitos.

No obstante, esta idea fundamental asumida durante tanto tiempo por el evolucionismo está siendo hoy muy criticada. La noción de progreso, por ejemplo, es incapaz de explicar la existencia de las minúsculas y ubicuas bacterias. ¿Por qué unos seres tan simples, si se comparan con el hombre, han sobrevivido tantos años sin apenas experimentar cambios importantes en su estructura y funcionamiento? Es obvio que su organización interna debe ser sumamente perfecta y eficiente, ya que llevan funcionando bien desde el principio de la vida.

Aunque la mayoría resultan beneficiosas para los ecosistemas y el ser humano, como bien sabe la industria láctea, otras continúan matando personas con la misma nefasta eficacia que hace miles de años, a pesar de tantos antibióticos como se conocen. Pues bien, las bacterias no han progresado apenas; nacen, se nutren y reproducen como han hecho siempre, siguiendo las órdenes que les dicta su programa biológico interno. De manera que la idea del progreso de las especies se estrella contra estos microbios invisibles que son hoy tan complejos como lo fueron siempre.

Quizá las bacterias sean el ejemplo más palpable contra la ley transformista del progreso natural, pero desde luego no son el único. La lista de organismos que han permanecido prácticamente inalterados a lo largo de las eras es bastante larga. En ella figuran desde vegetales como al árbol llamado científicamente, *Ginkgo biloba,* o los helechos y equisetos, hasta numerosos invertebrados, peces como el celacanto, tiburones, reptiles como los cocodrilos y los lagartos de Komodo, aves como el hoatzin sudamericano, etc.

Todo un conjunto de animales y plantas, en los que se ha podido demostrar sin lugar a dudas que su complejidad primitiva era idéntica a la que exhiben en la actualidad. En vista de la escasez de formas intermedias que muestra el registro fósil, ¿existen realmente motivos para creer que en el resto de las especies vivas no ha ocurrido también lo mismo? En nuestra opinión, la complejidad estructural y fisiológica de los seres vivos ha existido desde siempre. El tiempo solo ha logrado pequeñas modificaciones de su diseño original.

Creados con un fin

El concepto de finalidad en la naturaleza constituye para el evolucionismo ateísta un auténtico tabú del que casi está prohibido hablar. Según esta ideología, los cambios en la naturaleza, al ser producidos por el azar, no se dirigen a ninguna parte, no hay intención en ellos. Sin embargo, la tendencia hacia un fin concreto que muestran las estructuras de los seres vivos es algo que, por mucho que se intente, no se puede negar. La teleología, o explicación basada en la causa final, forma parte de toda la naturaleza viva.

Las raíces de las plantas se hunden en el suelo para buscar el agua y las sales minerales, mientras que los tallos y las hojas se elevan para recibir la luz del sol y el dióxido de carbono. Los conejos excavan madrigueras y las aves construyen nidos para poder tener a sus crías. Las arañas fabrican telas pegajosas para capturar presas y alimentarse. Las válvulas del corazón sirven para regular el sentido de la circulación sanguínea. Las células del sistema inmunitario vigilan y protegen el organismo de agentes invasores que podrían matarnos. Sería posible añadir muchos miles de ejemplos parecidos a estos. Las preguntas: ¿cuál es su función? ¿para qué sirve?, pueden formularse con propiedad a casi todas las estructuras u órganos que se dan en el mundo vivo. Y, desde luego, las respuestas son también precisas y coherentes. De manera que la existencia de la finalidad natural puede considerarse como un hecho bien comprobado, ya que el mundo biológico está repleto de formas y mecanismos diseñados con precisión para realizar ciertas funciones.

Esta teleología natural no solo se aprecia en la disposición de los órganos animales o vegetales, sino también en los comportamientos que se dirigen hacia objetivos concretos. ¿Por qué migran ciertas aves al sur antes de que haga frío en el norte? ¿Cómo es que ciertos pájaros se proveen de espinas para sacar su alimento de las hendiduras de las plantas o llaman la atención de los humanos conduciéndoles hasta los deseados panales de miel? ¿Quién le enseña al albatros su complicado cortejo nupcial y le ordena que se empareje para toda la vida? ¿Por qué unas células del embrión se convierten en músculo mientras sus vecinas se transforman en esqueleto? Quizá donde mejor se aprecie el comportamiento celular dirigido hacia un objetivo claro sea en el desarrollo embrionario. Un recién nacido es el mejor ejemplo de finalidad.

Pero no solo en el ámbito biológico la finalidad natural se muestra como un hecho incuestionable, también el mundo físico-químico presenta numerosos rasgos que son necesarios para la existencia de los seres vivos. Los elementos fundamentales del universo, las partículas subatómicas y las cuatro fuerzas básicas que conocemos, cooperan entre sí y constituyen los sucesivos niveles de organización. Los átomos, moléculas, macromoléculas, orgánulos, órganos y organismos son el producto de tendencias que colaboran para formar sistemas unitarios. Los diversos componentes contribuyen a alcanzar un objetivo común. Todo el cosmos está construido mediante tales tendencias de cooperación, funcionalidad y finalidad. El mundo está repleto de dimensiones teleológicas o finalistas que es imposible negar desde la cosmovisión científica actual.

Además, los últimos descubrimientos han evidenciado la elevada información que hay en las estructuras naturales, sugiriendo que tal información constituye también una nueva dimensión finalista. Desde la misteriosa fuerza de una partícula subatómica individual hasta la compleja información genética escondida en los cromosomas, todo indica que ha habido una programación hecha de antemano con una finalidad muy concreta. Hay un plan de conjunto premeditado y el ser humano, con sus valores intelectuales, éticos y espirituales, constituye una parte muy especial de dicho plan.

Esta conclusión, que es nueva en el ámbito de la ciencia, solo ha podido formularse gracias a los progresos realizados durante las últimas décadas del siglo XX. La nueva cosmovisión abre el camino al estudio de la finalidad en la naturaleza y, desde luego, contribuye al argumento de la existencia de Dios como Creador del universo y Padre amante del ser humano.

Darwin entorpece la ciencia

La acción inteligente dirigida a un fin determinado se hace evidente de muchas maneras en la naturaleza. Pongamos un pequeño ejemplo sacado de la psicología animal. Si se construye un complicado laberinto en el que solo exista una única manera de salir, después de girar correctamente a derecha e izquierda más de cien veces sin cometer ninguna equivocación, y se coloca dentro un ratón blanco con el fin de comprobar cuánto tarda en conseguirlo, lo más probable es esperar que se equivoque muchas veces antes de lograr la salida.

Sin embargo, ¿qué pensaría un investigador si el ratón se dirigiera veloz a la meta durante el primer intento y sin cometer ningún error? Pues cabría creer que aquél ratón ya conocía de antemano el laberinto y había aprendido por donde pasar para salir pronto de él. Sin embargo, lo ilógico sería pensar que solo fue un golpe de suerte, una casualidad entre muchas posibles equivocaciones, ya que el ratón habría demostrado conocer bien el laberinto al elegir acertadamente entre cientos de posibilidades en juego solo aquellas que le condujeron a la salida.

Pues bien, en el mundo natural ocurre algo parecido. La estructura íntima del universo y de los seres vivos es tan sofisticada y compleja que solo se puede explicar satisfactoriamente apelando a una acción inteligente, capaz de escoger unas pocas posibilidades entre millones de otras que fueron sabiamente descartadas. Esto es lo que ha empezado a descubrir la matemática actual. Pero además, la física y la química permiten investigar también qué facultades no fueron elegidas y por qué lo fueron las otras. Lo que se está viendo es que tal elección no pudo deberse al azar o a los mecanismos de la selección natural sin propósito. Tanto la precisa sincronización del cosmos que maravilla a los cosmólogos, como los minuciosos sistemas bioquímicos que operan en el interior de las células vivas, o la ingente cantidad de información albergada en los cromosomas, conducen fácilmente al diseño inteligente y descartan el diseño aparente propuesto por el naturalismo.

La idea de que el diseño impregna el universo ha dejado de pertenecer al ámbito de la filosofía o la teología para invadir los territorios de la ciencia contemporánea, especialmente de la teoría matemática de la información y la complejidad, pero también de la cosmología, física, química y biología. Cada vez resulta más evidente que las causas naturales por sí solas resultan incapaces para dar cuenta de la inteligencia que se detecta detrás de los procesos descubiertos. De esto se deriva que la demostración del diseño racional del universo ya no puede considerarse como una especulación filosófica o metafísica, sino que debe aceptarse como una deducción lógica de la investigación científica. Como afirma el filósofo y matemático estadounidense, William Dembski: «Las causas naturales son demasiado estúpidas para avanzar al mismo paso de las causas inteligentes. Hemos sospechado esto todo el tiempo. La teoría del diseño inteligente provee una demostración científica rigurosa de esta intuición de largos años» (Dembski, 1998b:10).

¿Qué consecuencias se desprenden de todo esto? En primer lugar, la lógica sugiere que la inteligencia en el universo debe ser anterior a toda ley o acción natural, y que no puede ser reducida a ellas. Una cosa son los mecanismos que operan en el mundo y otra muy diferente la sabiduría que los puso en funcionamiento. Por tanto, cualquier método de la ciencia humana que descarte de entrada la posibilidad de que el universo haya sido diseñado por una mente sabia y pretenda explicarlo todo como el simple producto de la casualidad, está de antemano condenado al fracaso y al error.

Esto es lo que explica el matemático cristiano John C. Lennox mediante la siguiente ilustración: «Supongamos un automóvil Ford. Cabe imaginar que alguien de una parte remota del mundo que lo viera por primera vez y que no tuviera ni idea de mecánica moderna pensara que dentro del motor hay un dios (el señor Ford) que hace que el coche ande. Podría incluso intuir que, si el motor funciona suavemente, es porque el Sr. Ford está de buenas, y si no funciona, es porque el Sr. Ford tiene mal día. Por supuesto, si esa persona aprendiera mecánica y desmontara el motor en piezas, descubriría que dentro no hay ningún Sr. Ford, y que no es preciso implicar al Sr. Ford en el funcionamiento del coche. Para explicar cómo funciona el motor basta una cierta comprensión de los principios impersonales de la combustión interna. Hasta aquí, ningún problema. Ahora bien, si decidiera que la comprensión de los principios de funcionamiento del motor le impide creer que hubo un tal Sr. Ford que inventó el motor en un principio, nuestro personaje estaría equivocándose. ¡Sin un señor Ford que hubiera diseñado el mecanismo, no habría nada que comprender!» (Lennox, 2003: 31).

Este es precisamente el error que comete quien confunde las leyes y mecanismos del universo con su causa original o su sustentador. La comprensión de la creación no elimina la necesidad del Creador, más bien es al contrario. Cuando el prejuicio naturalista se empecina en esta actitud atea, se llega a auténticos callejones sin salida que impiden avanzar en el conocimiento de la realidad.

Desgraciadamente, como se vio en el primer capítulo, esto es lo que ha venido ocurriendo desde los tiempos de la Ilustración. De ahí que ciertos sectores del conocimiento actual, pertenecientes sobre todo a las ciencias naturales y humanas, tengan que volver a analizarse desde la perspectiva del diseño inteligente. Al darle de lado y eliminar sistemáticamente el concepto de creación, la ciencia ha trabajado con muchas hipótesis equivocadas. Se ha supuesto generalmente, en contra de lo que mostraba la naturaleza, que la complejidad y el orden en el universo eran una adquisición reciente, resultado de la simplicidad y el caos inicial, generados por simple casualidad. Esto ha conducido a una visión reducida de la realidad que ha repercutido negativamente sobre la idea que hoy se tiene del mundo y del propio ser humano. Al querer eliminar al Creador, muchos filósofos y hombres de ciencia han caído en la deificación de la naturaleza. Se ha dotado a la materia de unos poderes míticos que no posee.

Pero, por otro lado, si se aceptan los planteamientos del diseño, ¿no se hace automáticamente imposible la verdadera investigación científica? Si se asume que las complejas leyes o los mecanismos naturales son así porque una inteligencia original los diseñó, ¿para qué continuar investigando si ya se conoce de entrada la respuesta fundamental? Frente a los retos que plantean la biología o la física al conocimiento humano, ¿no cabría el recurso fácil de decir: son así porque Dios los hizo así? ¿Entorpecería tal respuesta la tarea científica y sería como volver al recurso fácil del Dios tapagujeros?

La aceptación del diseño no tiene por qué detener a la ciencia sino que, al contrario, puede incentivarla sobre todo en aquellos asuntos en los que actualmente se encuentra atrapada. El darwinismo insiste todavía hoy en hacer creer cosas indemostrables, como que la compleja fisiología de los seres vivos, así como sus complicados engranajes bioquímicos, pueden explicarse perfectamente mediante el azar. Sin embargo, toda la evidencia científica se opone a esta afirmación, y muchos investigadores intuyen que detrás de tales mecanismos existe algo muy ingenioso que hay que llegar a comprender.

Tal debería ser la misión de la ciencia a partir de ahora: analizar el funcionamiento de la inteligencia creadora; intentar responder a cuestiones acerca de por qué se dan ciertos procesos y no otros; investigar que si los seres vivos poseen un programa a corto plazo como es el código genético, ¿será posible que en cada especie o grupo exista también otro programa a más largo plazo que aún no se ha descubierto? ¿Cómo influye el entorno en el plan interno de cada especie? ¿Qué características tiene dicho programa, que hace posible la extraordinaria ubicuidad, la adaptación y el éxito de la vida en la Tierra? (Chauvin, 2000).

La genética moderna, por ejemplo, si asume las implicaciones del diseño inteligente, tendría que abandonar la idea de que el llamado «ADN basura» de los cromosomas es un producto residual de la evolución que no sirve para nada. Pues, si todo lo vivo ha sido diseñado con una finalidad, cabría esperar que la mayor parte del ADN sirviera para algo. Por cierto, esto último es precisamente lo que parecen sugerir los últimos descubrimientos. Al parecer, esta parte del genoma en las células eucariotas codifica un lenguaje que programa el crecimiento celular y el desarrollo orgánico. El desconocimiento momentáneo de sus funciones no significa que carezca de ellas.

Lo mismo se podría decir también de los denominados «órganos vestigiales» presentes en algunos animales y considerados como restos de estructuras que poseyeron cierta función en el pasado, pero que en la actualidad serían inservibles (Cruz, 2001: 358). En este sentido, antiguamente se creía que el apéndice vermiforme humano, o el coxis, eran estructuras carentes de función. Sin embargo, la investigación médica descubrió después que el primero es un componente funcional del sistema inmunitario, mientras que el segundo constituye un anclaje importante para los músculos conectados al suelo pélvico. Desde luego, ambos poseen una función concreta.

La zoología debería plantearse también, desde la perspectiva del diseño inteligente, por qué es posible clasificar a los animales en grupos perfectamente definidos y delimitados. ¿Qué lógica se esconde detrás de cada género, familia o clase? ¿Es esto lo que cabría esperar si se hubiera producido una evolución como la que propuso Darwin? ¿Qué programa innato conduce a las distintas especies a reaccionar con el medio ambiente, adaptarse a él y transmitir sus caracteres distintivos a la descendencia? ¿Es correcto extrapolar las pequeñas variaciones que se observan dentro de las especies a los asombrosos cambios que requiere el evolucionismo? ¿Cuál es el misterioso plan general de la naturaleza que se esconde detrás de esa increíble diversidad de formas y estilos de vida?

El diseño no acaba con la ciencia, sino que la enriquece más aún y hace que recobre el espíritu de sus orígenes. Igual que aquellos científicos del siglo XVII, los investigadores de hoy deben acercarse a la naturaleza con respeto y con la admiración de quien está pisando terreno cultivado por la mente del universo. Si Dios ha creado, ¿por qué lo ha hecho precisamente así? ¿Qué razones tenía para ello? ¿Son las especies todo lo óptimas que podrían ser? ¿Ha habido degradación o degeneración desde el momento de la creación? ¿Cuál es el propósito de tales diseños? El diseño promueve todo un conjunto de preguntas nuevas y fomenta un nuevo estilo de investigación, capaz de sacar a la ciencia del atolladero en que se encuentra actualmente.

Si los seres naturales fueron diseñados para desenvolverse dentro de ciertos límites, ¿es adecuado, sabio y ético traspasarlos? ¿Es posible descubrir tales limitaciones? ¿Con qué fin fue diseñado el ser humano? Los descubrimientos científicos en este sentido tendrían importantes repercusiones sociales, bioéticas e incluso espirituales. Quizá muchos de los conflictos y problemas que padece hoy la humanidad se deban precisamente al desconocimiento de la esencia del hombre, así como al origen divino de todo lo material. El respeto a la humanidad y a la naturaleza pueden desvanecerse cuando se cree que solo somos el producto de una casualidad improbable. Pero si por el contrario, una inteligencia trascendente es la causa de todo lo que vemos, entonces debe ser también capaz de darse a conocer a sí misma, de manifestarse o revelarse al mayor intelecto conocido de la creación, el ser humano.

¿Hermanos de evolución o de diseño?

Otro misterio de la naturaleza que resulta difícil de explicar desde el darwinismo es el curioso fenómeno por el que dos especies tan diferentes como una planta y un insecto, por ejemplo, están tan complementadas entre sí que les resulta imposible subsistir la una sin la otra. Muchos de estos vegetales cuya polinización es realizada por insectos, presentan flores con colores llamativos y con formas adecuadas para atraer y facilitar la labor de sus alados visitantes. Al mismo tiempo, estos poseen órganos sensoriales que facilitan la localización de las flores, y bocas capaces de extraer el preciado néctar de la mejor manera posible. A tal relación simbiótica, en la que ambos organismos salen beneficiados, el darwinismo la ha denominado *coevolución*, y la ha interpretado como la evolución simultánea y complementaria de dos especies diferentes, causada por la presión de selección que una de dichas especies ha ejercido sobre la otra. Sin embargo, no todos los autores están de acuerdo con esta precipitada opinión, ya que el estudio de los factores ecológicos implicados revela la extrema dificultad que existe al intentar demostrar si, en realidad, se da o no el fenómeno de la coevolución en la naturaleza.

Las pasionarias son un grupo de plantas pertenecientes al género *Digitalis* que generalmente no suelen verse afectadas por los insectos debido a su elevada toxicidad. No obstante, existe una mariposa del género *Heliconius* cuyas orugas son capaces de alimentarse de dicha planta sin que el veneno de esta parezca afectarles. Lo curioso es que algunas especies de pasionaria desarrollan flores que imitan perfectamente los huevos de la mariposa, y cuando esta visita tales flores con la intención de realizar su puesta, es engañada creyendo que otra mariposa ya ha realizado allí la suya y se marcha en busca de otra planta. ¿Cómo es posible que una flor devorada por orugas haya desarrollado la capacidad de imitar los huevos de donde estas surgieron, con la intención de engañar a la mariposa progenitora? ¿Puede la selección natural dar cuenta de este misterioso mecanismo? ¿Es capaz el azar ciego y desprovisto de intención de lograr tal maravilla?

Fig. 16. Las pasionarias son un grupo de plantas pertenecientes al género Digitalis que generalmente no suelen verse afectadas por los insectos debido a su elevada toxicidad. No obstante, existe una mariposa del género Heliconius cuyas orugas son capaces de alimentarse de dicha planta sin que el veneno de esta parezca afectarles.

Si a los numerosos ejemplos de este tipo de relaciones entre las especies se añaden los casos de parasitismo, depredación o mimetismo, las dificultades se multiplican, y se hace cada vez más evidente que el mecanismo propuesto por el darwinismo es incapaz de dar una respuesta satisfactoria. De nuevo el dedo de la naturaleza apunta hacia un diseño inteligente que debió poner en marcha desde el principio muchas de estas complejas relaciones.

¿Azar o inteligencia?

Existe un planteamiento llamado *principio antrópico* que sugiere que las fuerzas del universo fueron calculadas con gran precisión para permitir la existencia del ser humano y del resto de los seres vivos sobre la Tierra. En efecto, cualquier mínima diferencia en el equilibro de tales fuerzas habría hecho del todo imposible la vida. Desde la peculiar estructura de los átomos que constituyen la materia del universo, con sus electrones cargados negativamente y sus neutrones ligeramente superiores en masa a los protones positivos, hasta la precisión de la órbita terrestre alrededor del sol, situada a la distancia adecuada para que la temperatura en la Tierra permita la vida, todo induce a pensar que las leyes físicas fueron calibradas exquisitamente desde el principio, con el fin de permitir la existencia de la especie humana.

El globo terráqueo tiene el tamaño justo, la temperatura idónea, la fuerza de gravedad necesaria, el agua imprescindible y los elementos químicos adecuados para sustentar a todos los organismos y especialmente al ser humano. ¿Por qué? ¿Se debe todo ello al producto de una cadena de casualidades, o al diseño de una mente inteligente? ¿Es el orden resultado del caos o de un plan determinado?

Los fenómenos naturales que se producen por casualidad presentan unas características comunes que son bien conocidas. Se trata siempre de acontecimientos irregulares, inconstantes y muy imprecisos (Dembski, 1998a). Por ejemplo, la trayectoria que sigue un relámpago producido en una tormenta es un acontecimiento aleatorio o casual. La meteorología sabe que los rayos se originan en la atmósfera por efecto de las nubes de desarrollo vertical, que al acumular cargas eléctricas enormes, provocan descargas en el interior de la nube, entre dos nubes o entre la base de una nube y la superficie terrestre. Pero no puede predecir en qué punto exacto de la tierra caerá el rayo, ni cuántos lo harán o con qué frecuencia. Su comportamiento es por tanto impreciso, inconstante e irregular, ya que depende de la casualidad. Otros fenómenos naturales están sometidos a leyes y su comportamiento se puede predecir con exactitud puesto que son regulares y repetibles.

Dentro de este segundo grupo entraría, por ejemplo, la ley de la gravitación universal formulada por Newton, que es la responsable de que en el espacio los cuerpos se atraigan recíprocamente en razón directa de sus masas y en razón inversa del cuadrado de sus distancias. Según esta ley es posible predecir la velocidad a la que caen los cuerpos en cualquier planeta, así como su aceleración y otras muchas características regulares que se pueden comprobar y repetir. De manera que los fenómenos como la caída de la lluvia, la nieve o el granizo, son el producto de las fuerzas de la naturaleza.

Ahora bien, hay acontecimientos que no pueden ser explicados mediante la casualidad ni como consecuencia de leyes naturales. Se trata de fenómenos impredecibles pero que, a la vez, son altamente precisos. En tales casos, la respuesta más lógica es que son el resultado de un diseño inteligente.

Si, por ejemplo, a la orilla de un río se descubren guijarros redondeados, resulta fácil deducir que son el producto de la erosión fluvial. Pero si entre ellos aparece un teléfono portátil, un celular, la única explicación razonable es que semejante artefacto debe ser el resultado de un designio ingenioso. Es imposible que se haya formado por casualidad o por medio de las leyes de la naturaleza. Esto es precisamente lo que sugiere el principio antrópico, que en el universo hay evidencia de diseño porque existen formas irregulares que no se pueden explicar mediante leyes naturales y que, al mismo tiempo, presentan una alta especificidad, una disposición misteriosamente compleja para permitir y sustentar la vida. Este principio apunta hacia la existencia de un Creador inteligente que diseñó el universo con un plan determinado.

6
EL ORIGEN
DE LA VIDA
EN UN CALLEJÓN
SIN SALIDA

Antes de la invención del microscopio y del descubrimiento de la complejidad del micro-mundo que escapa al sentido de la vista humana, los naturalistas pensaban que ciertos animales pequeños podían aparecer de forma súbita a partir de la materia orgánica putrefacta. Se creía que insectos, gusanos, anguilas o ranas surgían de manera natural en el barro, mediante la transformación de la materia inorgánica en orgánica. Cuando se comprobó que esto no era así, el ámbito de la generación espontánea de la vida se fue reduciendo cada vez más.

Louis Pasteur se dio cuenta de que si se protegían convenientemente los alimentos, estos no eran capaces de generar microbios ni insectos, por lo que en 1862 demostró definitivamente que la generación espontánea era una quimera. No obstante, tal teoría fue asumida por los partidarios del darwinismo, como Ernst Haeckel, para explicar el origen de las primeras células. En aquella época se creía que la célula era un simple grumo de carbono que había surgido por evolución de la materia inanimada. Hoy se sabe que las células son mucho más complejas de lo que se creía entonces.

Cuando a mediados del siglo XX los partidarios del evolucionismo realizaron una serie de reuniones interdisciplinarias para poner al día las ideas de Darwin, se realizó una síntesis evolucionista entre materias como la genética, la paleontología y la sistemática, creándose así la teoría neodarwinista, que constituye la base del pensamiento evolucionista actual. Sin embargo, hubo disciplinas como la citología y la bioquímica que no se tuvieron en cuenta en tales congresos, por la sencilla razón de que prácticamente no existían.

Han pasado los años y estas últimas materias han avanzado mucho, demostrando la alta complejidad de las estructuras celulares y de las reacciones moleculares que ocurren en su interior. Por tanto, en la actualidad se está ya en condiciones de interpretar el neodarwinismo a la luz de los nuevos datos que aporta la bioquímica moderna. Si las suposiciones transformistas de Darwin fueran ciertas, deberían ser capaces de explicar adecuadamente la estructura molecular de la vida. Pero resulta que, en el mundo de la bioquímica, se han levantado ya voces diciendo que mediante el darwinismo no es posible explicar la complejidad molecular de los seres vivos.

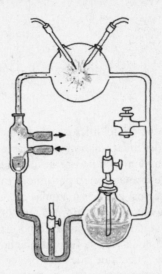

Fig. 17. Famoso aparato fabricado por Stanley L. Miller durante los años 50. Aplicando descargas eléctricas a una mezcla de metano, amoníaco, agua e hidrógeno, obtuvo glicina, valina, ácido fórmico, ácido glicólico, alanina y unos treinta productos más. No obstante, como él mismo admitió, se quedó muy lejos de crear vida en el laboratorio.

La serie de experimentos encaminados a demostrar en el laboratorio cómo pudo originarse espontáneamente la vida en una atmósfera carente de oxígeno, desde los aminoácidos obtenidos por Stanley L. Miller hace cincuenta años, hasta la famosa sopa orgánica de Harold C. Urey o los coacervados de Alexander I. Oparin, tampoco han podido convencer al mundo científico. Como reconoce el evolucionista, Richard E. Leakey en el prólogo de una reciente edición de *El origen de las especies*: «Hay una gran distancia desde esta "sopa orgánica" a una célula viva, y nadie ha logrado todavía crear vida en el laboratorio ... Considerando que los científicos están intentando comprender acontecimientos que tuvieron lugar hace millones de años, nunca conoceremos la historia completa del origen de la vida» (Darwin, 1994: 43).

Por mucho que se arreglen los aparatos para obtener aquellas sustancias que se desean, lo cierto es que las condiciones de una Tierra primitiva, como las que supone el evolucionismo, habrían destruido prematuramente cualquier molécula orgánica que se hubiera podido formar. Además, la tendencia general de las moléculas complejas es romperse y convertirse en otras más simples, nunca ocurre lo contrario en un ambiente inorgánico. Este es el gran reto que plantea la polimerización a la teoría darwinista del origen de las macromoléculas vitales.

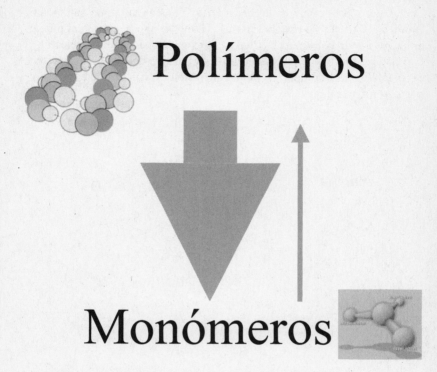

Polímeros

Monómeros

Fig. 18. Los polímeros presentan una enorme tendencia para disgregarse en monómeros. Sin embargo, estos raramente tienden a unirse para formar polímeros.

Por otro lado, existe también una incompatibilidad fundamental entre los aminoácidos que constituyen las proteínas de los seres vivos y aquellos otros que forman parte de la materia inerte. Esta propiedad se conoce con el nombre de *disimetría molecular* de los seres vivos. Resulta que en la naturaleza cada molécula de aminoácido posee también su simétrica. Son como las manos derecha e izquierda. Los aminoácidos que obtuvo Miller en la trampilla de su aparato diseñado para tal fin, tales como glicina, alanina o ácido aspártico, eran de esta clase. Es decir, pertenecían a las dos formas, derecha e izquierda, o como se dice en química, eran dextrógiros (D) y levógiros (L). Sin embargo, las células de los organismos vivos solamente utilizan aminoácidos de la forma L sin que nadie hasta ahora pueda explicar por qué. De manera que la mitad de las moléculas obtenidas por Miller eran de la forma D y la otra mitad de la L. Por tanto, nunca hubieran podido dar lugar a las proteínas de los seres vivos que siempre son L.

La cuestión es obvia, si la materia viva procede tal como supone el evolucionismo de la materia inerte, ¿cómo explicar que solo posea aminoácidos de la forma L? ¿Cuál es la razón de esta singular selectividad de los seres vivos? El darwinismo es incapaz de dar una respuesta coherente, ya que la hipótesis de la generación espontánea de la vida no puede ser demostrada.

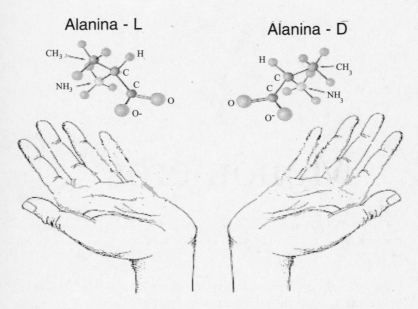

Fig. 19. Las células vivas solo tienen aminoácidos L sin que nadie hasta ahora pueda explicar por qué.

En cualquier caso, incluso aunque algún día se llegara a fabricar en el laboratorio alguna macromolécula biológica o alguna pequeña célula, esto no demostraría que al principio hubiera ocurrido por generación espontánea y debido solo a las condiciones naturales. Más bien se confirmaría que detrás de la aparición de la vida o de las moléculas vitales tiene que existir necesariamente una inteligencia capaz de dirigir, controlar y hacer posible todo el proceso. Igual que para la obtención de aquellos famosos aminoácidos fue precisa la intervención del señor Miller, el origen de la vida requiere también la existencia de un Creador inteligente.

Seis teorías sobre el origen de la vida

La materia inerte nunca logra copias de sí misma por muchos miles de millones de años de tiempo que se le conceda. ¿Cómo se puede creer que la materia sea capaz de evolucionar hasta formar seres vivos? El paso de lo muerto a lo vivo no lo puede dar nadie en este mundo, a excepción del Señor Jesucristo. La extraordinaria complejidad del microorganismo más simple que existe, una bacteria, constituye la principal piedra de tropiezo para dar semejante paso. Para llegar desde los elementos químicos sueltos a cualquier bacteria hay miles de pasos que dar por un camino que se corta en el abismo de la ignorancia y la imposibilidad.

Una de las grandes paradojas que cruzan este camino es la universalidad del ADN y del código genético. Para pasar del idioma del ácido desoxirribonucleico (...AGAAAGACCCGT...) al de las proteínas (...serina-fenilalanina-triptófano-alanina...) se requiere una especie de diccionario traductor que es el código genético. Pues bien, resulta que en todos los seres vivos de este planeta se usa el mismo diccionario. Esta es la tremenda paradoja que trae de cabeza a los científicos. No existe ninguna razón para que cada tres letras del ADN formen el mismo aminoácido de las proteínas en todas las células vivas. Por ejemplo, el triplete TCA sintetiza serina en todos los animales y plantas. ¿Qué significa esta misteriosa universalidad del código genético? Solo puede querer decir una cosa, que todos los seres vivos de la Tierra provienen de un mismo diseño original.

Semejante diccionario traductor funciona gracias a la existencia de una veintena de proteínas, las llamadas aminoacil-tRNA sintetasas, cuya existencia no sería posible si, a su vez, no existiera la información para fabricarlas que existe en unos veinte genes. Y para traducir estos veinte genes a las veinte proteínas se requiere de un código genético. Pero resulta que el código genético son precisamente esas mismas veinte proteínas. Una paradoja en forma de pez que se muerde la cola. ¿Cómo pudo originarse por evolución el código genético a partir de la materia muerta? Esta es la pregunta que nadie sabe responder. Hace cincuenta años que el evolucionismo intenta solucionar este crucigrama de dimensiones astronómicas sin fruto positivo alguno.

Hasta ahora no se ha podido explicar satisfactoriamente cómo habría podido surgir la vida orgánica por medios naturales a partir de la materia inorgánica. Después de cincuenta años de intentos los investigadores solo confiesan su ignorancia. El propio Miller expresó en la revista de divulgación *Scientific American* (febrero, 1991*)*: «El problema del origen de la vida se ha vuelto mucho más difícil de lo que yo, y la mayoría de las demás personas, imaginamos».

Sin embargo, no ha sido por falta de intentos. Entre las hipótesis más sobresalientes que han pretendido dar respuesta a este enigma se destacan las seis siguientes: *evolución aleatoria, afinidad química de los monómeros, sistemas auto-organizables, panspermia* o siembra desde el espacio, *fosas hidrotermales marinas* y a partir de *la arcilla.* La primera es también la más clásica y la que tradicionalmente se ha venido enseñando en las escuelas. Según ella, las sustancias químicas de la materia inerte, dado el tiempo suficiente, pudieron agruparse de forma aleatoria en los hipotéticos charcos calientes de la Tierra primitiva. Por más improbable que pueda parecer una reacción química, como la unión espontánea de aminoácidos para formar proteínas o la de nucleótidos para el ADN, si se invierten en ella miles de millones de años, se convierte en probable y capaz de originar la vida.

El principal inconveniente de esta hipótesis es que le falta tiempo. Aunque los quince mil millones de años de edad de la Tierra, según la cronología evolucionista, parezcan una eternidad, lo cierto es que si se hacen bien las cuentas son completamente insuficientes para permitir la aparición de la vida. Los matemáticos aficionados a jugar con los números han señalado que formar así por casualidad una sola proteína de tamaño medio, sería como encontrar un grano de arena teñido de rojo en la inmensidad del Sahara. Es decir, algo absolutamente improbable.

Por su parte, la teoría de la afinidad química se basa en una suposición: creer que existe alguna misteriosa atracción especial entre los aminoácidos, todavía por descubrir, que les obliga a unirse de forma espontánea y a formar proteínas. Los experimentos llevados a cabo para detectar esta misteriosa fuerza se realizaron durante la década de los setenta, comprobándose mas bien todo lo contrario. No existen preferencias químicas especiales entre los diferentes aminoácidos por lo que la teoría fue abandonada.

La tercera hipótesis se basa en el desequilibrio termodinámico que existe en el universo. Algunos científicos, entre ellos el físico Ilya Prigogine, propusieron que si la energía fluye a través de un sistema a elevada velocidad, puede ocurrir que dicho sistema se vuelva inestable y se convierta en otro sistema más complejo y organizado que el primero. En otras palabras, igual que la llama de una vela produce energía en forma de luz y calor, mientras dispone de oxígeno, la vida podría haber surgido de manera natural a partir de los elementos químicos de la materia inerte. Otro ejemplo común de sistema auto-organizado sería cualquier desagüe. Las moléculas de agua que al principio lo atraviesan de forma desordenada, finalmente adquieren un cierto orden y salen en perfecto remolino. Lo mismo le pasa a las desordenadas moléculas del agua cuando esta se convierte en el más ordenado hielo.

El problema de estos ejemplos es que no son comparables con la complejidad que posee la más pequeña célula viva. El nivel de organización del desagüe de una bañera o de un cubito de hielo no tiene absolutamente nada que ver con el de las estructuras de los organismos. La información y el orden que se requieren para formar cristales de escarcha no pueden compararse con los que posee el perfecto funcionamiento de una célula viva. Sería como equiparar *El Quijote* con otro libro cuyas mil páginas estuvieran escritas solo con la frase: «novela de caballería», «novela de caballería» y así cientos de miles de veces. Esta tercera teoría no es más que un juego de palabras que no ha conseguido convencer a la comunidad científica.

En cuanto a la siembra de la vida en la Tierra por parte de extraterrestres, o teoría de la panspermia, aunque sea aceptada por ciertos investigadores famosos, como el Dr. Crick, quien participó en el descubrimiento de la estructura del ADN, no es más que una confesión de ignorancia acerca de cómo pudo producirse el origen de la vida por medios puramente naturales. Además, si la vida vino del espacio, de cualquier otra galaxia que poseyera algún planeta con las condiciones adecuadas para generar vida, ¿cómo se originó allá? ¿Qué fuerzas hicieron posible el milagro de la vida a partir de la no-vida? No es más que prolongar el problema y las conjeturas indemostrables.

La quinta teoría se refiere a los agujeros que existen en determinados lugares de los océanos, donde tiene lugar la formación de unos ambientes ecológicos especiales. En zonas donde se separan las placas tectónicas de la corteza terrestre, a miles de metros de profundidad bajo los océanos, suelen producirse en ocasiones ciertas emanaciones de agua caliente cargada de azufre y otras sustancias, que aportan la energía necesaria para que prosperen algunas especies marinas singulares. La existencia de tales ecosistemas actuales llevó a pensar a ciertos investigadores que quizá la vida se originó por primera vez en estos ambientes.

No obstante, los inconvenientes señalados hasta ahora coinciden con los que ya indicó en su momento el propio Miller, las altas temperaturas que se alcanzan en tales surtidores submarinos destruirían las mismas moléculas que deberían formar cuando estas volvieran a circular junto a la fuente de calor. Ningún compuesto biológico soportaría este continuo cambio térmico.

La última y más reciente teoría la propuso el químico escocés A. G. Cairns-Smith, al sugerir que la vida habría podido aparecer en la Tierra primitiva a partir de las moléculas de la arcilla. La estructura cristalina de esta sustancia posee la suficiente complejidad como para actuar de molde para otras moléculas que hubieran podido ser las antecesoras químicas de las biomoléculas. De nuevo, el inconveniente principal es la poca información que posee la arcilla. Sus moléculas son complejas, pero muy repetitivas. Estamos otra vez ante el ejemplo de *El Quijote*, mucho orden pero poca información. No obstante, las moléculas de los seres vivos son mensajes que contienen una gran información. Cualquier arcilla que sirviera de molde a una primera molécula viva debería haber tenido también mucha información, y esto no se observa en ningún barro actual.

La conclusión al problema del origen de la vida por medios exclusivamente naturales es que después de casi medio siglo de experimentos e investigaciones solamente se ha podido llegar a una auténtica y sincera confesión de ignorancia. Nadie sabe a ciencia cierta cómo pudo producirse. Llegado este punto cabe la siguiente reflexión: si no se ha descubierto el origen químico de la vida por medios naturales después de tantos años de estudio, si no parece haber una explicación natural al problema, ¿no es tiempo ya de que se contemple la explicación sobrenatural? ¿Acaso no apunta todo esto en la dirección inequívoca de Dios? La ciencia actual no le cierra la puerta al Dios Creador del que habla la Biblia, sino que se la abre de par en par. Los nuevos descubrimientos vienen a confirmar que la fe de los cristianos tiene unos fundamentos sólidos y no es un salto a ciegas en el vacío, como algunos pretenden.

7

LA CAJA DE PANDORA DEL GENOMA SE ABRE POR PRIMERA VEZ

Cuando Darwin hizo pública su teoría nadie sabía lo que era el gen. Ni siquiera se había inventado el nombre. Se suponía que debían existir ciertos factores capaces de provocar lo que era evidente, el hecho de que los hijos se parecieran a los padres. Sin embargo, la ciencia de la genética estaba todavía en gestación. Siempre se dice que el padre de esta ciencia de la herencia fue el fraile agustino Gregor Mendel, quien en 1865 descubrió las tres famosas leyes cruzando matas de guisantes en el huerto de su monasterio. No obstante, en aquella época no se conocía todavía lo que era el gen. Mendel hablaba teóricamente de «factores hereditarios». Tampoco se sabía nada acerca del ADN, ni de su estructura particular, ni cómo se duplicaba y transmitía la información. Todo esto se fue descubriendo poco a poco durante los ochenta años que siguieron al hallazgo del religioso de Silesia.

Se conocen cinco períodos en el desarrollo histórico de la genética. El primero abarca desde 1900, en que fueron redescubiertas las leyes de Mendel, hasta 1940. A lo largo de estos primeros cuarenta años del siglo XX se estudió la transmisión de los caracteres hereditarios de padres a hijos y se investigaron numerosos árboles genealógicos de familias. Los trabajos de Mendel habían sido publicados durante 1866 en el Boletín de Historia Natural de la ciudad de Brno (Checoslovaquia). Sin embargo, lo cierto es que no tuvieron mayor trascendencia entre los hombres de ciencia de la época hasta que en 1900 el botánico holandés Hugo de Vries los descubriera al realizar un estudio bibliográfico, dándose cuenta de su importancia. Lo que Mendel había averiguado era que la transmisión de los caracteres hereditarios venía determinada por algo, una unidad o factor que pasaba de padres a hijos y que él no llegó a conocer nunca, un agente que residía en los organismos y se trasladaba de generación en generación sin mezclarse, de manera independiente, aunque no pudiera verse.

El nombre de «genética» le fue otorgado a la ciencia de la herencia en el año 1906 por el biólogo inglés William Bateson, mientras que en 1909 otro biólogo, el danés Wilhelm Johannsen, propuso el término de «gen» para referirse a los factores hereditarios de Mendel. El problema era ahora localizar el lugar exacto en el que se encontraban tales genes dentro de las células. Un año antes el embriólogo estadounidense Thomas

Hunt Morgan había realizado unos experimentos con la pequeña mosca del vinagre, la hoy famosa *Drosophila melanogaster*, que le sirvieron para determinar precisamente este lugar. Los genes eran realidades materiales que se encontraban en los cromosomas del núcleo celular. Casi veinte años después, un discípulo de Morgan contribuyó a confirmar que el gen era una partícula física fundamental de todos los seres vivos. El profesor J. Hermann Muller demostró que los rayos X podían provocar mutaciones en los genes, alterar su composición y modificar completamente su expresión en las proteínas.

En el segundo período, que duró solo la mitad que el primero, desde 1940 a 1960, los trabajos se centraron en averiguar qué era el material hereditario, su naturaleza, composición, estructura y propiedades; de qué sustancia estaban formados los genes, y cuáles eran sus moléculas constituyentes. Unos creían que se trataba de proteínas, como la hemoglobina o la albúmina, mientras otros pensaban que la base genética de la herencia estaba en una sustancia llamada nucleína, conocida desde 1869 gracias a los trabajos del fisiólogo suizo Johann Miescher. En 1944 el bacteriólogo canadiense O.T. Avery (junto con McLeod y McCarty) demostraron que la nucleína era en realidad el ácido desoxirribonucleico (ADN), el principal constituyente del gen. Tal revelación se considera la más importante de la historia de la biología, ya que supuso un auténtico cambio de paradigma en el seno de las ciencias naturales.

Desde 1960 hasta 1975, en el tercer período de la genética, el principal interés de los investigadores fue descubrir cómo pasaba la información del ADN al ácido ribonucleico mensajero (ARNm) y de este a las proteínas. Es decir, el funcionamiento de lo que hoy se conoce como el «código genético». El ARN se parecía al ADN pero presentaba importantes diferencias. En primer lugar, no estaba constituido por una doble cadena de nucleótidos sino solo por una. En vez del azúcar desoxirribosa presentaba la ribosa y en lugar de la base nitrogenada timina, tenía el uracilo. De manera que estas características hacían de los ARN los ácidos nucleicos idóneos para poder copiar la información contenida en el ADN. El mensaje genético pasaba así de la doble hélice del ADN a una molécula de ARNm mediante el proceso de la transcripción, y esta última abandonaba el núcleo celular rumbo al citoplasma a través de los numerosos poros de la membrana nuclear.

El problema era saber, una vez ya en el citoplasma, cómo se transmitía la información contenida en el ARNm a las proteínas. Es decir, cómo se formaban estas a partir de la secuencia de nucleótidos que constituía al ARNm. Se comprobó que este fenómeno, llamado traducción, ocurría en unos pequeños orgánulos del citoplasma que se denominaban ribosomas. Era allí donde cada tres nucleótidos consecutivos del ARNm lograban atraer hacia sí a un aminoácido específico que servía para acrecentar la cadena en formación de la nueva proteína. Cuando se identificó este código genético se obtuvo la llave maestra universal para conocer cómo se sintetizaban todas las proteínas y se determinó la esencia del dogma central de la biología molecular, que pudo resumirse con este simple esquema:

ADN transcripción **ARNm** traducción **proteína**

En el ADN residían los «planes» informativos para organizar todo el funcionamiento de la célula, pero eran en realidad las proteínas los auténticos ejecutores de dichos planes, las moléculas encargadas de llevar a la práctica todas las reacciones químicas que requiere la vida. Es decir, que el mensaje vital estaba escrito en todos los seres vivos mediante un doble lenguaje: el del ADN de solo cuatro letras —las bases nitrogenadas adenina (A), timina (T), citosina (C) y guanina (G)— y el de las proteínas, con veinte letras distintas que corresponderían al número total de aminoácidos.

En el cuarto período, entre 1975 y 1985, se inician ya las técnicas de la «nueva genética» que empiezan a manipular el ADN, a trocearlo, secuenciarlo e hibridarlo. La ciencia de la herencia deja de ser un estudio teórico para convertirse en una disciplina práctica, tecnológica y manipulativa. Se empieza ya a poder tocar los genes, a partir las cadenas del ADN, a cortar y empalmar por donde conviene. Incluso se superan las barreras tradicionales entre las especies. Es la época en la que se consigue el trasplante de material genético entre organismos tan alejados, desde el punto de vista biológico, como el hombre y la bacteria. Finalmente el quinto y último período, que va desde 1985 hasta el momento presente, se caracteriza por la llamada «genética inversa». Actualmente se trata de averiguar la estructura y función de los genes, pero partiendo de las proteínas que estos sintetizan, es decir, recorriendo el camino inverso.

El misterio de los genes Hox

A pesar de todo lo que se diga, la genética siempre fue enemiga del darwinismo en particular y de la teoría de la evolución en general. En contra de lo que pensaba Darwin, las mutaciones que observaba Mendel eran capaces de convertir un guisante liso en rugoso sin ningún tipo de gradaciones intermedias. Los cambios uniformes y graduales del darwinismo eran desmentidos por las mutaciones bruscas y repentinas de la genética. No obstante, fue el genetista ruso Theodosius Dobzhansky quien en 1937 convenció al mundo científico de que la genética y el darwinismo podían llevarse bastante bien. Propuso que aunque el efecto de varias mutaciones podía ser mínimo, la selección natural era capaz de jugar con ellas y favorecerlas o eliminarlas a su antojo, provocando así la evolución de las especies. Tales ideas se conocen como la teoría sintética o neodarwinismo.

Pues bien, en la actualidad vuelve a ser otra vez la genética quien viene a rechazar los argumentos de Dobzhansky, a propósito del descubrimiento de los llamados genes Hox. Las mutaciones provocadas en la mosca del vinagre, la famosa *Drosophila*, se conocen casi desde principios del siglo XX. En 1915 se encontró una mutación que transformaba el cuerpo de la mosca. Cambiaba la parte anterior del tercer segmento del tórax (que suele poseer unos pequeños órganos llamados halterios capaces de estabilizar el vuelo) por una copia del segundo segmento, que es donde van las alas. El genetista que descubrió esta mutación, Calvin Bridges, la llamó *bithorax*. Cuatro años más tarde encontró otra mutación, la *bithoraxoid*, que hacía lo mismo pero con la parte posterior de dichos segmentos. Pues bien, la combinación de ambas mutaciones daba lugar a una mosca con cuatro alas en vez de dos y ocho patas como las arañas. Una verdadera pesadilla para los neodarwinistas.

Los genes del tipo *bithorax*, donde se producen tales mutaciones, reciben el nombre de genes Hox, y actualmente se conocen ya docenas de ellos. Se ha descubierto que su función principal es regular a otros genes, y que están dispuestos en el cromosoma en fila y en el mismo orden que las partes del cuerpo sobre las que actúa cada uno de ellos. Pero lo más extraordinario y que ha dejado perplejos a los investigadores es que tales genes no son exclusivos de la mosca *Drosophila* sino que existen en todos los animales y en el ser humano. El orden de estos genes es siempre el mismo en todas las especies, a la izquierda los que especifican la cabeza, después los del tronco y a la derecha los del abdomen. Además se ha comprobado que son intercambiables entre especies. Un gen Hox llamado *Deformed* especifica la cabeza de la mosca, pero también la de un sapo, un ratón y un hombre. Esto significa que un gen Hox humano puede curar a una mosca que tenga el suyo mutado, pero no le producirá una pequeña cabecita humana sino una de mosca. Estos genes no crean estructuras, solo seleccionan aquellas que tiene disponibles cada especie animal.

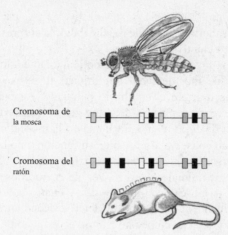

Cromosoma de la mosca

Cromosoma del ratón

Fig. 20. La fila de genes Hox existe en todos los animales, desde la mosca o el ratón al propio hombre, y sirve para lo mismo en todos ellos. Este hallazgo es la mayor sorpresa de la biología actual, ya que desmiente las pretensiones del darwinismo.

Este descubrimiento constituye la mayor sorpresa para los biólogos en los últimos cien años. Desde Darwin se había creído que todas las estructuras de los seres vivos, incluidos los genes, evolucionaban desde lo simple a lo complejo. Los animales primitivos debían tener genes primitivos. Según tal criterio, era de esperar que una mosca tuviera genes mucho más simples que un ser humano, ya que su cuerpo es también mucho más sencillo. Además, lo lógico sería esperar profundas diferencias entre los genes de seres tan alejados entre sí en la escala evolutiva. Cientos de millones de años de mutaciones y selección natural habrían impedido que genes de mosca y de hombre pudieran siquiera parecerse lo más mínimo. Sin embargo, los genes Hox vienen a decir que todo esto era erróneo y que el darwinismo es incapaz de explicar el genoma de las especies vivas.

Sampedro lo expresa así: «Se trata, en mi opinión, del conjunto de hechos más sorprendente y enigmático que la genética ha descubierto en toda su historia, porque revela que toda la deslumbrante diversidad animal de este planeta, desde los ácaros de la moqueta hasta los ministros de cultura pasando por los berberechos y los gusanos que les parasitan, no son más que ajustes menores de un meticuloso plan de diseño que la evolución inventó una sola vez, hace unos seiscientos millones de años. Y que, sin embargo, es tan eficaz y versátil que sirve para construir casi cualquier cosa que uno quiera imaginar, nade, corra, vuele o resuelva ecuaciones diferenciales. Nadie, absolutamente nadie, se hubiera imaginado una cosa semejante hace veinte años, no digamos ya en tiempos de

Darwin» (Sampedro, 2002: 98). Si se sustituye en este párrafo «la evolución» por «el Creador» se entiende mucho mejor la sorpresa que se ha llevado el estamento científico.

Los genes Hox no se han ido gestando lentamente a lo largo de seiscientos millones de años de evolución gradual, ni se han producido por macromutaciones o según el equilibrio puntuado: estaban ahí desde el principio de la creación. Si uno de estos genes Hox procedente de un hombre es capaz de curar a su equivalente en la mosca, es evidente que los genes Hox han conservado muy bien su función y no han cambiado a lo largo de las eras. Las alteraciones en dichos genes producen cambios importantes en los animales, que en vez de mejorarlos les perjudican notablemente. Las moscas con cuatro alas y cuatro pares de patas son organismos deficientes incapaces de dejar descendientes fértiles que mejoren la raza. Quien se empecine en no ver la mano de una inteligencia superior detrás de los genes Hox y quiera seguir apelando a la imposible evolución ciega de la materia, allá él con su conciencia. Pero que no pretenda acusar de fanatismo religioso a quienes concluyen que la lógica y la sensatez de los hechos observados imponen el diseño y no el azar. También hay fanatismo en el seno de la ciencia.

El gen del pecado

La palabra *sociobiología* deriva de los escritos del zoólogo norteamericano Edward O. Wilson (1980), y se refiere a la aplicación de los principios biológicos darwinistas al comportamiento de los animales sociales y del ser humano. Muchas actitudes propias de las personas se deberían, según este punto de vista, a la estructura de los genes que posee la especie humana.

En este sentido se argumenta, por ejemplo, que las diferencias entre el comportamiento sexual de hombres y mujeres vendrían determinadas genéticamente. Como los órganos genitales de las hembras fabrican muy pocos gametos o células reproductoras, las mujeres no las malgastarían y no mantendrían relaciones sexuales con muchos compañeros, prefiriendo dedicarse a cuidar de los hijos. Por el contrario los varones, al producir muchos espermatozoides, estarían inclinados de forma natural a la promiscuidad. Su deseo de mantener contactos sexuales con numerosas mujeres sería lógico desde el punto de vista de la especie, ya que así cumplirían mejor con la función biológica de dejar muchos descendientes.

Esto explicaría, según la sociobiología, fenómenos tan frecuentes como la violación, el adulterio o la infidelidad. Y así, mediante tal razonamiento, se llegaría a la determinación de restarle importancia moral a tales comportamientos. ¿Qué responsabilidad podría tener un adúltero, un mujeriego o un violador, si su conducta estuviera en verdad condicionada por los propios genes?

Hay que reconocer que los estudios sociobiológicos han servido para algo positivo, han revelado que algunas especies animales son más sociales, desde el punto de vista biológico, de lo que antes se creía. Dicho esto, es menester señalar inmediatamente que no existen pruebas convincentes de que la herencia genética de las personas controle o determine pautas complejas de su conducta. Las ideas de la sociobiología son absolutamente especulativas cuando se refieren a la vida social humana. Sus planteamientos acerca de la conducta sexual en hombres y mujeres son imposibles de demostrar mediante una metodología verdaderamente científica. Es verdad que muchos individuos cambian con frecuencia de pareja, pero esto no significa que todos los hombres sean promiscuos o, por el contrario, que ninguna mujer lo sea. Lo que se observa más bien en las sociedades democráticas modernas que gozan de libertad es que las mujeres tienen tantas aventuras como los hombres (Giddens, 1998: 48).

En el comportamiento sexual de varones y hembras influyen sobre todo factores culturales, psicológicos, sociales o religiosos, pero la conducta humana no viene determinada genéticamente. El hombre y la mujer son responsables de sus actos ante la sociedad pero, por encima de todo, delante de Dios. Él es el único que conoce todos los secretos del alma humana y, por tanto, el único capaz de evaluar certeramente el uso o el abuso que cada cual ha hecho de su libertad. La promiscuidad o el libertinaje sexual es un comportamiento claramente contrario a la moral y la enseñanza del Nuevo Testamento. No podemos abusar de la genética para justificar los vicios humanos o la conducta pecaminosa.

8

LA SELECCIÓN NATURAL, UNA REINA CON LOS PIES DE BARRO

Aquello que provoca el cambio y la transformación de unas especies en otras sería el conjunto de las mutaciones que ocurren al azar en la molécula de ADN, filtradas a través del enorme colador de la selección natural y preservadas de generación en generación sin un propósito determinado. Estos son hasta el día de hoy los planteamientos del neodarwinismo. Como la mezcla de los genes que ya existen en los organismos solo puede producir combinaciones o variedades dentro del mismo género, sería necesario que las mutaciones elaboraran nuevos genes capaces de añadir otros niveles de complejidad, así como órganos mejores y diferentes.

Sin embargo, tales argumentos chocan contra un serio inconveniente. La inmensa mayoría de las mutaciones conocidas en la actualidad, tanto las naturales como las provocadas por el hombre, son perjudiciales o letales para los organismos que las sufren. Si tales cambios bruscos del ADN se acumularan progresivamente en los seres vivos, lo que se produciría en vez de evolución sería regresión o degeneración. ¿Cómo intenta el transformismo solucionar este serio problema? Apelando a la posibilidad de que en algún momento se hayan producido, o se puedan producir, mutaciones beneficiosas. Aunque esto pueda sonar bastante a acto de fe, es precisamente lo que hoy sigue sosteniendo el neodarwinismo. Pero tal razonamiento de nuevo vuelve a ser de carácter circular. Si estamos aquí —se dice— es porque la evolución se ha producido y, por tanto, tales mutaciones beneficiosas han tenido que ocurrir, a pesar de que no se tenga la más mínima constancia de ello.

La pequeña mosca del vinagre o de la fruta *Drosophila melanogaster* ha sido muy utilizada en los laboratorios de todo el mundo para realizar pruebas y experimentos de genética o de dinámica de poblaciones. Mediante la aplicación de determinados productos químicos o a través de radiaciones especiales se han obtenido moscas mutantes con ojos de diferente color, otras con las alas más grandes, con doble dotación alar (Fig. 21), con las alas reducidas casi a vestigios e incluso sin alas. También se ha conseguido modificar la cantidad y distribución de los pelos que presentan las larvas.

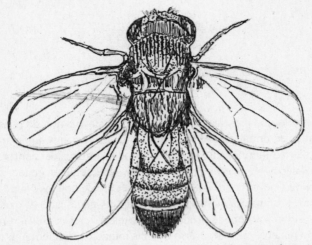

Fig.21. Dos mutaciones provocadas en el gen Ultrabithorax produce una mosca con cuatro alas como esta.

No obstante, la mosca del vinagre continúa siendo una mosca del vinagre de la misma especie. Los mutantes son individuos empeorados, no mejorados. Jamás se ha originado por mutación inducida en los laboratorios una nueva especie de insecto o una mosca mejor y más perfecta que la *Drosophila* ya existente. No han aparecido estructuras nuevas ni más complejas que hicieran más eficaz al animal, sino defectos o duplicaciones entorpecedoras de órganos ya existentes. Lo mismo puede decirse de todas las mutaciones provocadas en otros organismos como bacterias, ratones, cobayas, etc. Las bacterias —como es sabido— pueden desarrollar resistencia a determinados antibióticos, pero desde el origen de los tiempos hasta hoy siguen siendo bacterias. No salen de su tipo básico fundamental. Todo esto conduce a la conclusión de que las mutaciones observables no pueden ser la fuente del cambio ilimitado que necesita la teoría de la evolución. ¿Es posible que se hayan producido en el pasado grandes mutaciones o macromutaciones capaces de originar especies nuevas?

Esta idea repugnó siempre a Darwin. Él estaba convencido de que una macromutación capaz de originar repentinamente a un individuo nuevo y diferente de sus progenitores equivalía, en realidad, a un milagro de creación especial. La naturaleza no daba saltos bruscos (*natura non facit saltum*) sino que cambiaba lenta y gradualmente mediante la acumulación de pequeños pasos. Sin embargo, este dogma no fue respetado por todos sus seguidores. A finales del siglo XIX, el botánico Hugo DeVries fue el primero en dudar de él proponiendo la teoría de que en la naturaleza los cambios hereditarios podían haber sido grandes y discontinuos. DeVries llamó a tales efectos *mutaciones* y esto provocó una importante controversia entre *mutacionistas* y gradualistas. Más tarde, a mediados del siglo XX, otro prestigioso genetista germano-americano, el profesor Richard Goldschmidt, de la Universidad de California en Berkeley, volvió a resucitar la polémica al afirmar que la evolución no se podía haber producido mediante la acumulación selectiva de pequeños cambios graduales.

Goldschmidt pensaba que el darwinismo gradualista solo podía explicar la microevolución o variación dentro del ámbito de la especie. No obstante, para que la evolución general o macroevolución se hubiera producido era imprescindible creer en la posibilidad de las macromutaciones. La mayoría de tales grandes saltos originaría monstruos defectuosos que morirían pronto, pero en determinados casos podrían haber surgido «monstruos viables» capaces de prosperar y reproducirse (¿con quién?), transmitiendo así de repente sus nuevas características adquiridas. Tal como él mismo sugirió: «Un día un reptil puso un huevo y lo que salió del huevo fue un ave» (Cruz, 1996: 95).

Las ideas de Goldschmidt fueron cruelmente ridiculizadas por los darwinistas y pronto cayeron en el olvido. Hasta que en 1980, Stephen Jay Gould las rescató en su artículo: *El regreso del monstruo esperanzado*, en el que intentó conciliar las pequeñas mutaciones del neodarwinismo con las macromutaciones propuestas por Goldschmidt.

«Goldschmidt no planteaba ninguna objeción a los ejemplos estándares de la microevolución ... No obstante, rompía bruscamente con la teoría sintética al argumentar que las nuevas especies surgen abruptamente por variación discontinua o macromutación. Admitía que la inmensa mayoría de las macromutaciones no podían ser consideradas más que como desastrosas —a estas las denominó "monstruos"—. Pero, continuaba Goldschmidt, de tanto en tanto, una macromutación puede, por simple buena fortuna, adaptar a un organismo a un nuevo modo de vida, "un monstruo esperanzado", en sus propias palabras. La macroevolución sigue su camino por medio de los escasos éxitos de estos monstruos esperanzados, no por una acumulación de pequeños casos en el seno de las poblaciones ... Como darwiniano, quiero defender el postulado de Goldschmidt de que la macroevolución no es simplemente la extrapolación de la microevolución, y que pueden producirse transiciones estructurales básicas rápidamente sin una homogénea sucesión de etapas intermedias» (Gould, 1983: 199).

Gould pretendió reducir la distancia entre las ideas de Darwin y las de Goldschmidt afirmando que las grandes mutaciones podrían haberse producido mediante pequeños cambios en los embriones tempranos que se habrían acumulado a lo largo del crecimiento, originando profundas diferencias entre los adultos. De manera que los monstruos esperanzados o viables habrían aparecido como consecuencia de las micromutaciones sufridas por sus embriones. Esta era la única posibilidad que veía Gould para salvar la evolución de las especies.

Sin embargo, lo cierto es que no existe evidencia alguna de tales mutaciones embrionarias. Ni las macromutaciones capaces de convertir un reptil en ave, ni las micromutaciones modestas del desarrollo embrionario, pueden ser observadas en la realidad. Hoy por hoy, el mecanismo de la evolución continúa siendo un misterio para la ciencia, como algunos prestigiosos investigadores reconocen (Grassé, Chauvin, Behe, etc.). Por tanto, la aceptación de la teoría transformista no se fundamenta en sólidas bases científicas que la demuestren, como a veces se afirma, sino que continúa apelando a las creencias indemostrables. En definitiva, se trata de tener fe en la posibilidad de las pequeñas mutaciones graduales, en las macromutaciones milagrosas, o en una combinación de las dos opciones.

Desde la perspectiva del materialismo, con frecuencia, se ataca a los creacionistas porque sostienen que Dios creó todos los seres vivos, como afirma la Biblia, según su género o tipo básico de organización, aunque después estos hubieran podido variar dentro de ciertos límites. Se dice que tal postura entraría de lleno en el terreno de la fe, sería por tanto indemostrable y cerraría la puerta a cualquier investigación científica, ya que si realmente fue así, el Creador habría empleado para crear el universo leyes o procesos que hoy no se podrían detectar ni estudiar. La crítica contra la creación especial es, pues, que se trata de una creencia, de un acto de fe indemostrable.

Ahora bien, ¿acaso no puede decirse lo mismo del evolucionismo? ¿No se trata también de un inmenso acto de fe en el poder de las mutaciones al azar y de la selección natural? Si es así, ¿por qué se habla tan alegremente en tantos textos escolares acerca del «hecho» de la evolución confirmado por la ciencia? ¿Puede la ciencia confirmar acontecimientos del pasado imposibles de reproducir en el presente y de los que no se tiene ningún testimonio o constancia? El tema de los orígenes es sumamente escurridizo y escapa a menudo al ámbito de la metodología científica para entrar de lleno en el de la fe, la especulación y las convicciones personales.

La complejidad de la vida desmiente la evolución

Si la selección natural, tal como acabamos de ver, no es el mecanismo capaz de explicar el pretendido proceso evolutivo de los seres vivos, ¿qué otra alternativa le queda al evolucionismo? ¿Existe alguna propuesta diferente que pueda dar cuenta de la hipotética transición entre la bacteria y el científico que la observa? Pues sí, básicamente existen otras dos: la *simbiosis* de Lynn Margulis y el *equilibrio puntuado* de Niles Eldredge y Stephen Jay Gould. Estas dos teorías aparecieron con cinco años de diferencia, respectivamente en 1967 y 1972, pero no se popularizaron hasta algunos años después. Ante la falta de un proceso biológico convincente que revelara los misterios del cambio entre las especies, estos tres investigadores se vieron obligados a postular posibles soluciones procedentes de dos campos fundamentales de las ciencias naturales, la citología y la paleontología. O sea, el estudio de las células y el de los fósiles.

La bióloga estadounidense Lynn Margulis fue la primera en decir que, en su opinión, la primera célula viva no apareció después de un largo proceso de evolución gradual como afirmaba el darwinismo, o su versión moderna el neodarwinismo, sino de forma brusca gracias a la unión de tres o más bacterias distintas. En vez de un cambio lento basado en la competencia y la selección natural, habría sido un acontecimiento súbito producido por la suma de organismos más sencillos que ya existían. Por tanto, la unión o simbiosis de células simples sin núcleo (procariotas) como las bacterias, podría haber dado origen a las primeras células complejas con núcleo (eucariotas) que son los ladrillos fundamentales de todos los seres vivos (Fig. 22). La célula eucariota sería, según Margulis, el producto de una simbiosis repentina y no del gradualismo darwiniano.

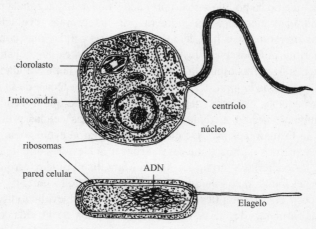

Fig.22. Los dos grandes tipos estructurales de células que existen en la actualidad son muy diferentes entre sí. Abajo: bacteria típica, ejemplo de célula sin núcleo (procariota). Arriba: célula nucleada (eucariota) de la que están hechos todos los animales y las plantas.

Una comprobación posterior que vino a reforzar esta teoría fue la presencia de ADN, muy parecido al que poseen las bacterias, en unos orgánulos como las mitocondrias y los cloroplastos, típicos de las células con núcleo. De ahí que, en la actualidad, se explique el origen de estos dos orgánulos celulares a partir de una hipotética simbiosis entre bacterias y otras células simples ocurrida en un pasado remoto. Margulis se refirió a ciertas bacterias actuales, llamadas *espiroquetas*, las cuales tienen forma de sacacorchos y la costumbre de perforar a otras bacterias fusionándose con ellas (Fig. 23), para señalar que de igual modo pudo haberse producido el origen de la célula con núcleo.

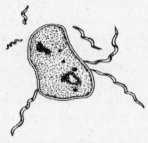

Fig.23. Las espiroquetas son bacterias alargadas que se desplazan por medio de movimientos helicoidales. Tienden a unirse con otras bacterias y, a veces, las penetran.

Por atractiva que para algunos resulte esta teoría de la simbiosis, lo cierto es que no ha podido ser comprobada y no ha sido aceptada por toda la comunidad científica, ni siquiera por los propios evolucionistas. Algunos investigadores han demostrado que las células más complejas, las eucariotas, no poseen ni rastro de los genes típicos que constituyen a las actuales bacterias espiroquetas. Lo cual elimina la posibilidad de que hayan evolucionado a partir de ellas y contradice la teoría de la simbiosis. Pero además hay otra cuestión. Aun suponiendo que la célula eucariota hubiera surgido mediante la fusión de varias células procariotas, ¿cómo se formaron estas? ¿De qué manera lograron evolucionar a partir de los elementos químicos inertes y alcanzar la elevada complejidad que poseen las bacterias? Eso no lo explica Margulis ni ningún otro científico, por la sencilla razón de que absolutamente nadie lo sabe.

La cosa se ha complicado todavía más para el evolucionismo con el descubrimiento de ciertos mecanismos íntimos de la vida, como el llamado *splicing*, y con la elevada complejidad que presenta la maquinaria celular. La palabra inglesa *splicing* significa «unir» o «empalmar», y se refiere a un extraño mecanismo que tiene lugar cuando la información contenida en los genes se convierte en proteínas. Intentaremos explicar este singular misterio de la célula de manera comprensible. Como es sabido, las entidades que contienen la información de los seres vivos son los genes. Estos están constituidos fundamentalmente por una larga cadena de ADN, el famoso ácido desoxirribonucleico. Sin embargo, no toda esta cadena está formada por genes. Intercalados con ellos hay unos pedacitos de ADN que aparentemente no sirven para nada, ya que no producen proteínas, y a los que se les llama «intrones» para distinguirlos de los verdaderos genes o «exones».

Resulta que en el interior del núcleo de la célula, cuando se duplica el ADN para convertirse en otro ácido, el ribonucleico (ARN inmaduro), se copian tanto los exones como los intrones. Esta transformación de ADN en ARN se llama «transcripción» y constituye la primera parte del proceso que convertirá la información de los genes en proteínas capaces de ejecutarla. Pero lo extraordinario viene inmediatamente después. El ARN inmaduro, cuyo aspecto es como el de un collar de cuentas cilíndricas unidas mediante un hilo muy largo, experimenta una misteriosa contracción (Fig. 24). El hilo se encoge formando bucles entre los genes y empalmando estos entre sí en una sola pieza que será el ARN maduro o mensajero (ARNm). De manera que únicamente permanecen unidos los exones, mientras que los bucles de intrones se desprenden y desaparecen. El paso siguiente es la «traducción» de este ARNm compactado al lenguaje de las proteínas y la estructuración de estas para que sean perfectamente funcionales.

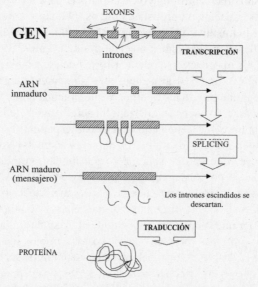

Fig. 24. Los introns son pedazos de ADN que no contienen información para fabricar proteínas y que interrumpen a los verdaderos genes o exones que sí tienen. Antes de que la célula pueda leer correctamente la información de los genes debe deshacerse de los introns gracias al proceso del splicing.

La pregunta que ha llevado de cabeza durante décadas a los investigadores es: ¿Para qué sirven los intrones? ¿No sería mejor y más práctico que los genes estuvieran ya unidos desde el principio sin necesidad de tener intercalado tanto «ADN basura» que parece entorpecer todo el proceso? La respuesta recién descubierta ha puesto los pelos de punta a más de un investigador, porque contradice lo que esperaba el evolucionismo y respalda la fe en un Creador inteligente que lo diseñó todo al principio con exquisita precisión. Los genes son como son y están separados entre sí para que la vida pueda vencer todas las posibles adversidades que le surjan en el futuro. ¿Quiere esto decir que los cambios que experimentan los seres vivos no se deben a ningún proceso ciego, carente de previsión o de estrategia como pensaba Darwin, sino más bien a todo lo contrario? ¿Es la existencia de los intrones el producto de un diseño especialmente concebido para permitir a las especies variar por microevolución y adaptarse mejor a los cambios del medio ambiente?

El biólogo Javier Sampedro reconoce, a pesar del ateísmo proselitista de que hace gala, que: «El *splicing* no parece provenir ni de una molesta chapuza añadida secundariamente al esencial dispositivo de la transcripción, ni de un inevitable accidente al que la evolución encontró después la utilidad de la *evolucionabilidad:* el *splicing* está integrado hasta el cuello en el mismísimo centro lógico de la factoría para leer genes que utilizan *todas* las especies de protistas, hongos, plantas y animales, seguramente desde la mismísima invención de la célula eucariota» (Sampedro, 2002: 55). Pero, ¿puede haber invención sin inventor? Lo que se está diciendo es que los genes y su peculiar forma de mezclarse no son el producto de una evolución al azar, sino algo sumamente complejo que se inventó en el principio de los tiempos y que prácticamente no ha variado desde entonces. ¿No suena todo esto a un acto creador de los orígenes?

Si comparamos los genes con una baraja española, es evidente que estos se pueden mezclar de múltiples maneras distintas. No es lo mismo un trío de reyes que uno de sotas. Pero por muchas combinaciones que hagamos, lo que no conseguiremos jamás es crear cartas nuevas. Pues bien, algo parecido es lo que acaba de ser descubierto a propósito de los genes. El *splicing* permite mezclar los genes que ya existen desde el principio y obtener nuevas combinaciones que podrían dar lugar a modificaciones en las proteínas formadas. Pero si estos cambios fueran muy drásticos, lo más probable es que tales proteínas dejaran de ser funcionales y el organismo que las presentara tuviera serios problemas fisiológicos. Lógicamente el evolucionismo quiere seguir creyendo que algunos de tales cambios han tenido que ser beneficiosos y han hecho posible la evolución de todas las especies a partir de una sola célula. Sin embargo, esto continúa siendo un acto de fe naturalista. En mi opinión, la única evolución por mezcla de genes en la que nos permite pensar el *splicing* es la ya mencionada microevolución o variación dentro del ámbito de la especie, pero no la macroevolución que postuló el señor Darwin.

El complejo dispositivo molecular que permite borrar los intrones y dejar solo a los genes para que puedan ser leídos correctamente de forma continua, posee alrededor de cien proteínas distintas y unas seis moléculas pequeñas de ARN. Esta precisa maquinaria es básicamente igual en todas las células eucariotas. Esto significa que desde los microscópicos protozoos hasta los hongos, plantas y animales, todos barajan sus genes de la misma manera y esta no ha cambiado a lo largo de las eras. He aquí otro serio inconveniente para la teoría de la evolución por simbiosis de Margulis. Si la célula eucariota ha evolucionado a partir de la fusión de bacterias o células procariotas, ¿no deberían estas poseer también indicios de *splicing*? La verdad es que las bacterias no poseen ni rastro de algo que se parezca a este complicado mecanismo propio de las células con núcleo.

Además, al comparar el genoma de las eucariotas con el de las procariotas, se ha podido comprobar que los genes característicos de las primeras —es decir, aquellos que intervienen en procesos exclusivos de ellas, como pueden ser su tipo de alimentación, el mantenimiento de la doble membrana en el núcleo, o la transmisión de mensajes externos hacia el interior de la célula— no provienen de ningún procariota conocido. Esto hecha por tierra la teoría de la simbiosis y supone un serio revés a cualquier planteamiento evolucionista. Si la célula eucariota hubiera evolucionado a partir de la procariota, lo lógico sería encontrar indicios genéticos o similitudes bioquímicas entre ellas. Pero tales evidencias no existen. Lo único que se puede corroborar son sus diferencias y el hecho de que ambas siguen coexistiendo en la actualidad.

No obstante, la puntilla definitiva a la evolución la aporta el descubrimiento de la inesperada organización celular en máquinas químicas altísimamente complejas y minuciosamente estructuradas que han venido funcionando así desde los orígenes. En efecto, al estudiar parte de los genes de una microscópica levadura muy utilizada en la industria alimenticia, ya que sirve para hacer pan y cerveza, la *Saccharomyces cerevisae*, un grupo de genetista alemanes se llevaron una gran sorpresa. Descubrieron que las mil cuatrocientas proteínas estudiadas, que habían sido fabricadas por otros tantos genes de dicha levadura, no vagan en solitario sin orden ni concierto por el interior de la célula como hasta entonces se pensaba, sino que forman parte de una intrincada maquinaria multiproteica.

El equipo de investigadores de Heidelberg que presentó el estudio se dio cuenta de que estas mil cuatrocientas proteínas analizadas constituyen en realidad doscientas treinta y dos máquinas químicas de diferente tamaño interconectadas entre sí. Las más pequeñas están formadas solo por dos proteínas, mientras que las mayores poseen hasta ochenta y tres. La mitad de tales máquinas se dedican a manipular el material genético: copian los genes del ADN y los transcriben a ARN, controlan el proceso del *splicing*, traducen el ARN a proteínas, utilizan la energía para mantener viva la levadura, fabrican membrana celular, transmiten señales, permiten el crecimiento y la división de la célula, etc., etc. Hay proteínas que pertenecen a varias máquinas a la vez. Esta pertenencia puede ser estable o solo transitoria. Es decir, que constituyen una compleja e inteligente red de comunicaciones.

El mapa de toda esta maquinaria proteica, que presentaron en enero del 2002 a la revista *Nature* los científicos del Laboratorio Europeo de Biología Molecular (EMBL), se parece a un montón de botones (las aproximadamente doscientas constelaciones de proteínas) unidos entre sí por una intrincada maraña de hilos que reflejan sus interrelaciones. Es como si toda la célula fuera en realidad una sola máquina diseñada con exquisita precisión para hacer lo que hace.

Pero lo más sorprendente y lo que ha dejado perplejos a los investigadores evolucionistas es que tales máquinas son universales para las células eucariotas. La mayor parte de las máquinas bioquímicas descubiertas en la levadura existen también en las células del ser humano y de los demás animales o plantas. Si el tal proceso de la evolución darwiniana se ha dado, ¿cómo es que estas complicadas maquinarias no han sufrido ni el más mínimo cambio con el transcurso del tiempo? ¿Es posible creer que la evolución ha jugado con tales estructuras metabólicas de alta precisión sin modificar apenas su funcionamiento? Esto no es, ni mucho menos, lo que desde siempre ha venido predicando el evolucionismo. La consigna transformista era asumir el cambio «de lo simple a lo complejo», pero lo que ahora vemos es más bien todo lo contrario. A saber, la complejidad existía ya desde el principio. Lo que hoy es complejo resulta que siempre lo ha sido.

Hasta los evolucionistas más furibundos reconocen que: «La organización de la célula en máquinas altísimamente estructuradas supone una enorme restricción a los mecanismos evolutivos concebibles ... Las graduales sustituciones de letras en el ADN, que van alterando poco a poco la secuencia de aminoácidos de una proteína —y que siempre han hecho las delicias de los darwinistas ortodoxos— parecen ahora menos relevantes que nunca para la generación de novedad evolutiva» (Sampedro, 2002: 61). ¡Desde luego! Porque si se concibe que la evolución se produce mediante pequeñas mutaciones en los genes y que estas modifican también las proteínas, ¿qué ocurriría con las proteínas vecinas que no han sido modificadas y con las miles de relaciones precisas con el resto de la máquina proteica? Pues que todo el funcionamiento de la maquinaria se paralizaría y esta se vendría abajo hecha pedazos.

Por tanto, los descubrimientos del *splicing* y de que la célula es como una macrofactoría formada por máquinas complejas y exquisitamente diseñadas, desacreditan tanto la teoría neodarwinista como la más reciente teoría evolutiva por simbiosis de Lynn Margulis. Y bien, ¿qué dice a todo esto el evolucionismo? Pues se intenta seguir creyendo, mediante más dosis de fe naturalista y a pesar de la evidencia, en el hecho de la evolución. Si los genes no son la materia prima del cambio evolutivo, como acabamos de ver, quizás lo sean las máquinas en su conjunto. Puede que lo que cambie no sea el gen y su correspondiente proteína, sino que alguna macromutación milagrosa, todavía por descubrir, sustituya la máquina vieja entera por otra nueva. En fin, es casi como aceptar que después del paso de un tornado por una chatarrería, o un cementerio de autos, apareciera flamante el último modelo de la Mercedes Benz. Desde luego, ¡no hay peor ciego que el que no quiere ver!

¿Es equilibrado el equilibrio puntuado?

Desde los días de Darwin una gran laguna venía anegando su teoría de la evolución de las especies. Si los seres vivos procedían unos de otros mediante transformaciones graduales, ¿dónde estaban las formas intermedias? ¿En qué lugar permanecían enterrados sus esqueletos fosilizados? Esos miles de eslabones perdidos que debían ser mitad pez y mitad salamandra, los reptiles con plumas, o los verdaderos hombres-mono, se mostraban tímidos después de tanta expedición paleontológica. Si la evolución se ha producido, ¿cómo es posible que los animales y plantas del presente puedan ser clasificados en grupos bien definidos y la naturaleza no sea un caos de formas en confusión? Darwin achacó este problema a la imperfección del registro fósil, sin embargo, sus sucesores reconocieron cien años después que la inmensa mayoría de las especies fósiles aparecen en los estratos rocosos completamente formadas, estables y no como eslabones intermedios.

Ante la realidad de estos hechos, a principios de los setenta se hizo pública otra idea que pretendía dar una explicación satisfactoria. Se trataba de la *teoría del equilibrio puntuado* de Niles Eldredge y Stephen Jay Gould. Estos autores evolucionistas reconocían que las especies eran por lo general estables, excepto en determinados momentos puntuales en los que podían experimentar grandes cambios. La evolución se comparaba con la vida de un soldado, largos períodos de aburrimiento interrumpidos por breves instantes de terror. Los cambios habrían sido bruscos y breves, disminuyendo así las posibilidades de fosilización. De manera que los fósiles intermedios existieron realmente, pero no tuvieron suficiente tiempo para fosilizar y por eso no aparecen en el registro fósil. Las nuevas especies no surgieron por transformación lenta y gradual de una especie en otra distinta, como decía el darwinismo, sino por especiación rápida (*alopátrica*) a partir de poblaciones pequeñas que pudieron quedar aisladas del resto.

Al principio, la teoría del equilibrio puntuado aceptaba la acción de la selección natural que proponía el darwinismo, aunque actuando más rápidamente en esos períodos críticos. Sin embargo, poco a poco Gould fue cambiando de idea hasta descartar la selección natural y llegar a la conclusión de que se necesitaba otro mecanismo mucho más rápido que pudiera explicar la especiación. Lo que se requería era un cambio tan brusco que fuera capaz de convertir una especie en otra completamente distinta. Y se le ocurrió lo siguiente: una pequeña mutación genética en el embrión podría afectar por completo al adulto. Dicho en otras palabras, un día cierta hembra de lagarto debió poner un huevo y cuando este eclosionó apareció un ratón. Esto actualizaba la antigua teoría genética del monstruo viable propuesta por el denostado genetista alemán Richard Goldschmidt.

Ni que decir tiene que nadie ha demostrado jamás un solo caso de aparición de una nueva especie ocurrido de esta manera (o de ninguna otra). El origen de las especies continúa siendo un misterio para el evolucionismo ya que no existen ejemplos concretos de especiación. La teoría del equilibrio puntuado choca con los mismos inconvenientes que la simbiosis de Margulis. Lo que ambas proponen son acontecimientos circunstanciales absolutamente imposibles de verificar. En realidad, se trata de intentos naturalistas que pretenden fundamentar la creencia en el «hecho» universal de la evolución.

Pero la misma crítica que tradicionalmente se hace a los partidarios de la creación especial se puede aplicar también a los evolucionistas. Los acontecimientos únicos e irrepetibles no pueden ser analizados por la ciencia. Por tanto la cuestión sigue abierta. Aunque, en realidad, los últimos descubrimientos de las distintas disciplinas de las ciencias naturales apuntan no precisamente al azar inicial y la evolución ciega, como hasta ahora se pensaba, sino al orden inteligente, al diseño y a la creación.

9

LA GRAN EXPLOSIÓN CÁMBRICA

A la cuestión de por qué no encontramos abundantes depósitos fosilíferos correspondientes a esos supuestos largos períodos anteriores al sistema Cámbrico, no puedo dar una respuesta satisfactoria.

DARWIN, *El origen de las especies.*

Los actuales buscadores de fósiles han descubierto microbios petrificados en rocas anteriores al Cámbrico. Este hallazgo hubiera alegrado mucho a Darwin pero, desde luego, no habría solucionado el problema de las lagunas en el registro fósil. La más profunda y enorme de estas lagunas es sin duda la primera, la que existe entre estos microorganismos hallados en estratos del Precámbrico y casi todos los planes generales de diseño animal que se conocen en este planeta y que aparecen ya como una explosión de vida a principios del Cámbrico, primer período de la era Primaria según la geología actualista o evolucionista.

Para tener una ligera idea de la rapidez con que se produjo esta aparición, baste recordar que solo habría durado un 0.2% de la historia de la vida en la Tierra. Tres mil millones de años bajo el dominio de las bacterias invisibles y de repente, en solo diez millones de años (un pestañeo fugaz en el tiempo de la evolución), los océanos se llenan de moluscos, gusanos, medusas, crustáceos, estrellas, esponjas, cordados y otras clases de animales que ya no viven en la actualidad. ¿Por qué tanta prisa? ¿No parece gritar este descubrimiento: *creación* en vez de *evolución*? Tal es el desconcertante enigma que hoy viene preocupando al evolucionismo.

Los fósiles del Cámbrico ponen de manifiesto que la pretendida transformación gradual y lenta, desde la célula al hombre, que proponía Darwin con su método de la selección natural, no puede explicar de ninguna manera el origen de los seres vivos. Los famosos árboles de la evolución que pretenden mostrar la descendencia de todos los organismos a partir de antepasados comunes y, en última instancia, de una primitiva y única especie, se han vuelto al revés para dar la razón a los últimos fósiles descubiertos (Fig. 25)

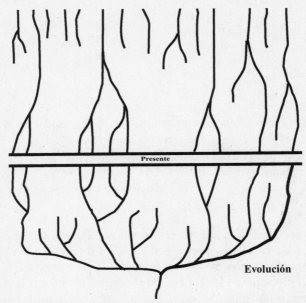

Fig.25. Abajo: árbol clásico de la evolución de las especies según el darwinismo. Arriba: nueva interpretación a partir de la explosión del Cámbrico.

El darwinismo dio por supuesto que una primitiva especie viva fue el tronco del árbol evolutivo que a lo largo de las eras se fue diversificando en ramas, brotes y hojas nuevas. Las especies que existen en la actualidad serían los descendientes de aquel hipotético tronco ancestral cuyos fósiles jamás han sido encontrados. Esta idea se ha venido aceptando como si se tratara de una religión científica durante más de cien años. Sin embargo, hoy, después del descubrimiento de yacimientos fósiles sumamente significativos, como los del Burguess Shale en Canadá, donde aparecen una veintena de especies nuevas que no pertenecen a ningún *phylum* conocido, el árbol de la evolución se ha convertido en un montón de ramas sueltas sin conexión entre sí. La principal sorpresa que ha provocado este hallazgo es que tales organismos del Cámbrico poseen una disparidad de diseños anatómicos que sobrepasan, con mucho, la gama moderna que hay en todo el mundo. De los ciento veinte géneros estudiados, unos veinte corresponden a artrópodos únicos, y además de contener los principales grupos animales que hoy existen, se han descubierto varios diseños que no encajan con ningún otro grupo animal conocido.

Esto hace que el único árbol de la evolución darwinista se transforme de repente en un sotobosque repleto de pequeños arbustos sin conexión entre sí. En lugar de un solo tronco inicial hay muchos distintos y sin relaciones evolutivas entre sí. Después de la explosión cámbrica se fueron produciendo extinciones de especies, variaciones, mutaciones, hibridaciones, etc., hasta llegar al tiempo presente. No cabe duda de que tal modelo encaja mucho mejor con la idea de una creación inicial en la que aparecen de repente muchos tipos de vida, más de los que existen en la actualidad, y a lo largo del tiempo aquella riqueza inicial fue disminuyendo y se empobreció paulatinamente.

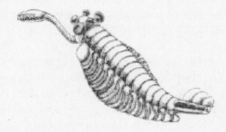

Fig.26. Opabinia fue uno de los primeros fósiles descubiertos en el yacimiento de Burgess Shale que demostró la gran explosión de vida ocurrida durante el Cámbrico. Tenía cinco ojos, una trompa flexible y un tronco formado por quince segmentos.

Tres de los paleontólogos evolucionistas que más han estudiado el fenómeno de la explosión cámbrica, James Valentine, David Jablonsky y Douglas Erwin, han manifestado lo siguiente: «Tanto el registro fósil como las filogenias moleculares (genealogías basadas en comparaciones de ADN) son coherentes con la idea de que todos los *phyla* animales vivos en la actualidad habían aparecido ya antes del final del intervalo de diez millones de años que constituye la explosión cámbrica» (Valentine, Jablonsky & Edwin, 1999).

Cuando se busca en estratos del Precámbrico, anteriores a esta riqueza de formas, solo se encuentran unos pequeños discos que se atribuyen a seres de simetría radial como las medusas (en las montañas MacKenzie, al noroeste de Canadá); ciertos rastros desconocidos (al oeste de Escocia); unos embriones enigmáticos de pocas células en la plataforma del Yangtsé, al sur de China y unas minúsculas impresiones fósiles de menos de un milímetro, llamadas fauna de Ediacara, que se hallan distribuidas por todo el mundo. Muchos paleontólogos están convencidos de que estos fósiles precámbricos no representan verdaderos precursores de la explosión Cámbrica, sino solo tentativas fracasadas sin continuidad con dicha radiación. Sin embargo, quienes continúan defendiendo el evolucionismo prefieren seguir creyendo que todos los animales de

Cámbrico descienden de una primitiva especie que debió aparecer mucho antes y que, desde luego, todavía no se ha encontrado.

Este hipotético animal ancestral, aunque siga siendo un perfecto desconocido, tiene ya un nombre, Urbilateria. Se trata de la invención de un perfecto fantasma. Nunca se ha encontrado su fósil. No se sabe de dónde salió, qué forma tenía, si existió o no, pero se le ha puesto nombre porque la teoría de la evolución necesita de su existencia. Todo menos admitir que quizá lo que ocurrió fue una creación sobrenatural de todos los tipos básicos. Algo a lo que la ciencia ya no tendría acceso. En nuestra opinión lo que el estudio de los fósiles demuestra es que la vida hizo su misteriosa aparición sobre la Tierra súbitamente, tal y como requiere un acto creador original.

En cuanto a la datación de todos estos fósiles hay que decir que las técnicas empleadas son muy poco fiables. Esto lo reconocen los propios evolucionistas: «Las comparaciones de ADN no han conseguido de momento calcular fiablemente la época en que aparecieron los primeros animales. Varios laboratorios lo han intentado, pero las fechas que han calculado discrepan de manera espantosa (nada menos que entre los seiscientos millones de años atrás y los mil quinientos millones de años atrás). Es obvio que una metodología que produce unas estimaciones tan absurdamente discrepantes sirve de muy poca cosa en este problema concreto» (Sampedro, 2002: 84).

10
ESA PESADILLA LLAMADA OJO

Acerca de los órganos que presentan una perfección y complicación extremas como puede ser el ojo, Darwin escribió: «Parece absurdo de todo punto, lo confieso espontáneamente, suponer que el ojo, con todas sus inimitables disposiciones para acomodar el foco a diferentes distancias, para admitir cantidad variable de luz y para la corrección de las aberraciones esférica y cromática, pudo haberse formado por selección natural ... [*Pero*] La razón me dice que si puede demostrarse que existen numerosas gradaciones desde un ojo sencillo e imperfecto a un ojo complejo y perfecto ... entonces la dificultad de creer que ... pudo formarse por selección natural, aunque insuperable para nuestra imaginación, no sería considerada como destructora de nuestra teoría ... [*No obstante*] Si pudiera demostrarse que existió algún órgano complejo que tal vez no pudo formarse por modificaciones ligeras, sucesivas y numerosas, mi teoría se vendría abajo por completo» (Darwin, 1980: 196,199).

Esto último es precisamente lo que acaba de suceder con los nuevos descubrimientos de la ciencia bioquímica. Los especialistas se han dado cuenta de que ciertos órganos o sistemas, llamados «irreductiblemente complejos», no han podido originarse mediante modificaciones ligeras y graduales como propone el darwinismo (Behe, 1999: 60). ¿Qué es un sistema irreductiblemente complejo? Pues un órgano o función fisiológica compuestos por varias piezas o etapas que interactúan entre sí, dependiendo unas de otras y contribuyendo entre todas a realizar una determinada función básica. Si se elimina una sola de tales piezas o etapas, el sistema deja automáticamente de funcionar.

Un sistema así no se puede haber producido por evolución, porque cualquier precursor que careciera de una parte concreta sería del todo ineficaz. ¿De qué serviría un oído sin tímpano, un ojo sin cristalino o una nariz sin células olfativas? Por mucho que insista el darwinismo, la décima parte de un ojo no sirve para nada. Los órganos de los seres vivos tuvieron que originarse necesariamente como unidades integradas para poder funcionar de manera correcta desde el principio. El ejemplo más sencillo propuesto por Behe es el de la ratonera. Mediante tal artilugio, formado básicamente por cinco piezas, se persigue solo una cosa: cazar ratones. La plataforma de madera soporta un cepo con su resorte helicoidal y una barra de metal para sujetar el seguro que lleva atravesado el pedacito de queso. Si se elimina una de tales piezas, la ratonera deja de funcionar. Se trata, por tanto, de un sistema irreductiblemente complejo.

Cualquier sistema biológico que requiera varias partes armónicas para funcionar puede ser considerado como irreductiblemente complejo. El ojo, que tanto preocupaba a Darwin, es en efecto uno de tales sistemas. Cuando un simple fotón de luz penetra en él y choca con una célula de la retina, se pone en marcha toda una cadena de acontecimientos bioquímicos en la que intervienen numerosas moléculas específicas como enzimas, coenzimas, vitaminas e incluso iones como el calcio y el sodio. Si una sola de las precisas reacciones que estas moléculas llevan a cabo entre sí se interrumpe, la visión normal resulta imposible y puede sobrevenir la ceguera.

La extrema sofisticación del proceso de la visión elimina la posibilidad de que el aparato ocular se haya originado mediante transformación gradual. Para que el primer ojo hubiera podido ver bien desde el principio era necesario que dispusiera ya entonces de todo el complejo mecanismo bioquímico que posee en la actualidad. Por tanto, el ojo no pudo haberse producido por evolución de lo simple a lo complejo como propuso Darwin, sino que manifiesta claramente un diseño inteligente que le debió permitir funcionar bien desde el primer momento. La misma selección natural a la que tanto apela el darwinismo se habría encargado de eliminar cualquier forma que no funcionase correctamente.

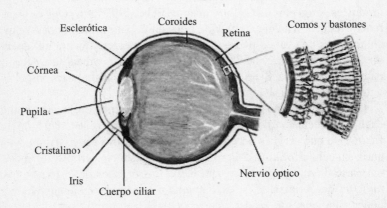

Fig.27. El ojo no pudo haberse producido por evolución de lo simple a lo complejo,como propuso Darwin, sino que manifiesta claramente un diseño inteligente que le debió permitir funcionar bien desde el primer momento.

El darwinismo ha multiplicado por cincuenta el problema del origen del ojo al reconocer que este ha evolucionado de manera independiente todas esas veces en los distintos grupos de animales. El ojo de los insectos tiene poco que ver con el de los pulpos, peces, reptiles o aves. Son órganos diferentes que funcionan de distinta manera. Pero el argumento que se utiliza para explicar semejante dificultad es completamente absurdo y tautológico. Si la visión, se dice, ha surgido tantas veces en los diferentes linajes animales, debe tratarse de algo relativamente fácil de conseguir para la evolución. Es decir, se supone como cierto precisamente aquello que se debería demostrar, que los ojos aparecieron por evolución.

Pues bien, una vez más la genética ha venido a crear una nueva paradoja para el evolucionismo. Resulta que existe un gen, el llamado *eyeless*, que es esencial para el desarrollo del ojo en todos los animales. Una mutación del mismo puede causar la enfermedad de la *Aniridia*, la cual afecta el desarrollo del ojo en las personas, pero también disminuir el tamaño del ojo en el ratón o incluso hacer que una mosca nazca sin ojos. Se ha descubierto que al trasplantar artificialmente dicho gen de los humanos a la mosca, le genera ojos allí donde se le fuerza a activarse. Esto significa que la función de dicho gen, así como toda la complicada red de genes y proteínas asociada a él, se han conservado intactos en todos los animales a lo largo de las eras geológicas. Si hubieran cambiado lo más mínimo, como presume la evolución, el gen humano sería incapaz de crearle un ojo a la mosca.

El proceso genético, bioquímico y fisiológico mediante el cual se forma un ojo en el ser humano es prácticamente idéntico al que lo produce en la mosca. Es evidente que tal proceso no ha podido evolucionar independientemente en los insectos y en los vertebrados, sino que debe existir desde el principio de los tiempos. El complicado fundamento de la construcción del ojo, que es el mismo en todos los animales bilaterales, no ha evolucionado por separado en los más de cincuenta grupos zoológicos con visión ocular, sino que se ha mantenido intacto desde que fue diseñado. Esta constatación de la ciencia actual supone un serio inconveniente para las tesis transformistas y un fuerte respaldo a la fe en el Creador del cosmos que lo inventó todo de manera inteligente.

La genética durante las dos últimas décadas ha demostrado no solo que unos cuantos genes clave permanecen constantes a lo largo de la historia animal, sino que aquello que permanece inalterado e invariable son los sistemas genéticos complejos con toda su sofisticada red de proteínas que interactúan entre sí con la precisión de los microchips de una computadora. La complejidad existe desde el principio y no ha sido inventada por ningún proceso de selección natural, simbiosis, neodarwinismo o equilibrio puntuado. Esto obliga al evolucionismo a revisar seriamente sus principales postulados.

Aparte del órgano relacionado con la visión, los seres vivos muestran numerosas estructuras semejantes que paralizan cualquier intento científico de explicar sus orígenes por transformación lenta y progresiva. También el proceso de coagulación de la sangre va contra la teoría de la evolución, ya que depende de una cascada de reacciones bioquímicas en cadena que están subordinadas las unas a las otras y debieron funcionar bien desde el primer momento. Lo mismo ocurre con el sofisticado aparato defensivo del escarabajo bombardero, con el flagelo bacteriano que permite el desplazamiento de ciertos microorganismos en el medio acuoso, y con tantas otras estructuras de los seres vivos. El estudio detallado de tales órganos conduce inevitablemente a la conclusión de que fueron diseñados con un propósito concreto.

No obstante, algunos científicos se niegan a aceptar el diseño inteligente que evidencia la genética y, con el fin de salvar la idea de la evolución ciega, prefieren hablar de «evolución modular». Ya no les sirve la selección natural de Darwin, porque se ha visto que los pequeños cambios graduales en los genes son incompatibles con la evidencia de estructuras génicas como los genes Hox o los *eyeless*, perfectamente diseñados desde el principio y sin cambio en el tiempo. Ahora lo que proponen es otra hipotética evolución *sui generis* que respetaría tales módulos génicos pero se dedicaría a cambiarlos de lugar, al estilo de Frankestein, a lo loco, sin orden ni concierto, y desde luego, la selección natural que nunca muere, favorecería aquellos monstruos esperanzados que fueran viables en cada ambiente. Es decir, los mismos perros pero con diferentes collares. Evidentemente, esta nueva teoría de la evolución modular es absolutamente indemostrable y continúa basándose en actos de fe naturalista.

La cuestión fundamental acerca de cómo surgieron tales módulos génicos, complejos, organizados y perfectos, con los que después jugó la evolución, es ignorada por completo. Se afirma que ninguna mano misteriosa guiaría éste proceso, que serían solo las leyes físicas, biológicas o estadísticas actuando sobre los módulos «que ya existían». Pero el asunto que permanece inexplicado es cómo llegaron a existir estos módulos preexistentes. ¿Fue la ruleta de la suerte, una mutación milagrosa, o acaso eran eternos? Se nos pide que cambiemos la fe en el Dios Creador por la fe en los milagros naturalistas sin propósito. Y lo peor es la insistencia en que tales afirmaciones son científicas, mientras que las de los creyentes son oscurantistas y fanáticas. Nada más alejado de la verdad.

11

¿MONO DESNUDO O HUMANO PENSANTE?

La disciplina que procura aplicar el método de la ciencia al estudio de los fósiles humanos, la Paleoantropología, asume los principios del evolucionismo. Es decir, supone que el planteamiento general de la teoría de la evolución de las especies constituye una forma de axioma. Algo tan evidente en sí mismo que no necesita demostración alguna. De manera que cuando se investigan tales huesos petrificados, se hace siempre con la idea previa de que la transformación gradual entre la célula y el hombre realmente ha tenido lugar. Jamás se acude a los estratos rocosos con la intención de verificar si el ser humano ha evolucionado a partir de los simios o no. Esto ya se da por supuesto. El propósito no suele ser nunca demostrar esa posible transformación, sino averiguar cómo habría podido suceder. Investigar a partir de qué homínidos extintos sería factible construir el hipotético árbol evolutivo humano y qué fósiles conviene descartar del mismo.

Así, el trabajo del paleontólogo consiste en desenterrar huesos, medir tamaños, calcular capacidades craneales, poner fechas a los fósiles y, en definitiva, intentar reconstruir el puzzle filogenético y el modo de vida que supuestamente podrían haber llevado los hombres primigenios. Pero todo esto se hace siempre sobre la base de la aceptación de la teoría evolucionista. Esto es, por ejemplo, lo que ha hecho el equipo de Atapuerca en uno de los más recientes yacimientos de fósiles humanos encontrado en España. ¿Qué es lo que se ha descubierto? ¿Se han hallado, por fin, los famosos «eslabones perdidos» entre monos y hombres que demanda tradicionalmente el evolucionismo?

Según los investigadores del Proyecto Atapuerca, habría que cambiar el árbol evolutivo del hombre que hasta ahora se venía aceptando. Se les ha galardonado con el Premio Príncipe de Asturias por el descubrimiento de una nueva especie de hombre fósil, el *Homo antecesor*, que sería antepasado común, según se afirma, de nuestra especie y de los neandertales. Pero el árbol genealógico que proponen para la familia humana empezaría mucho antes. En su opinión, el patriarca de la saga homínida habría sido un mono que habitaba la selva lluviosa africana hace casi cuatro millones y medio de años, el llamado *Ardipithecus ramidus*. De él habrían surgido los famosos *Australopithecus*, que evolucionarían lentamente hasta dar lugar por una parte a las diversas especies extintas de

Paranthropus, sin relación con la línea que conduciría al hombre, y también a los primeros representantes del género *Homo*. Aunque es verdad que entre las especies de *Australopithecus* y *Homo* colocan un significativo interrogante que denota la inexistencia de fósiles fiables (Arsuaga, 1999:78).

De este posible primer *Homo*, al que se le atribuye una antigüedad de 2.3 millones de años, podrían haber aparecido dos nuevas especies que habrían vivido durante los inicios del Pleistoceno inferior, *Homo habilis* y *Homo ergaster*. La primera, con una capacidad craneal que oscilaba entre seiscientos y setecientos centímetros cúbicos, no se sitúa en la línea que conduce al hombre; mientras que la segunda, con novecientos centímetros cúbicos, es la elegida para hacer de ella el antepasado común de otras dos especies, *Homo erectus* y la recién descubierta en Atapuerca, *Homo antecessor*. Se asume que *Homo erectus* se extinguió también sin tener nada que ver con la evolución del *Homo sapiens*.

El auténtico antecesor del hombre habría sido, ni más ni menos, que el nuevo hallazgo de la Sierra de Atapuerca. De allí el nombre científico que se le ha dado. De él evolucionarían por un lado los individuos que conducirían al *Homo neanderthalensis*, especie contemporánea del hombre que se extinguiría durante el Pleistoceno superior, y el hombre moderno, *Homo sapiens*, la única especie humana que habría logrado llegar viva a la actualidad. Tal es, en síntesis, la nueva filogenia humana recomendada por los paleoantropólogos españoles. De momento, tal como honestamente reconocen, no es asumida por todos los investigadores evolucionistas a escala mundial, pero parece que poco a poco va ganando mayor número de adeptos.

Es verdad que casi todo en este mundo depende del color del cristal a través del cual se mira. Lo mismo ocurre con el tema del origen del hombre. Es lógico que el que está convencido de la evolución humana a partir de los simios procure ordenar los fósiles existentes en un hipotético rompecabezas ascendente. Sin embargo, el que no lo cree así, seguramente verá en todo esto un intento vano y unas pruebas fósiles muy endebles. Tal es la posición creacionista. Quien está persuadido de que el hombre siempre ha sido hombre, puede interpretar todos estos fósiles como restos pertenecientes a dos grandes grupos cualitativamente diferentes: monos y seres humanos.

Por una parte, diversas especies de simios del pasado que se extinguieron sin dejar rastro, y por la otra, variedades o grupos raciales de seres humanos adaptados a sus particulares condiciones de vida, los cuales desaparecieron también de la faz de la tierra. Pero no «eslabones intermedios» que hicieran de puente entre unos y otros. En este sentido, en el grupo de los simios cabrían los géneros mencionados: *Ardipthecus,*

Australopithecus, Paranthropus e incluso la especie *Homo habilis*. Todos estos animales extinguidos serían organismos comparables a los actuales primates, formas como el chimpancé, gorila u orangután. No obstante, los fósiles descritos como especies pertenecientes al género *Homo (H. ergaster, H. erectus, H. antecessor, H. heidelbergensis, H. neanderthalensis y H. sapiens)* podrían haber pertenecido a diversos grupos raciales formados por auténticos seres humanos.

Existe evidencia fósil de hombres y de monos, pero no de hombres-mono. Tal sería de forma simplificada el planteamiento del creacionismo. Pero, ¿es que acaso la verdadera ciencia no impone un criterio concreto? ¿Los fósiles descubiertos en Atapuerca y en tantos otros lugares del mundo no representan eslabones perdidos? Y, si ellos no lo son, ¿no es posible que tales fósiles intermedios se descubran algún día y no haya más remedio entonces que rechazar las posturas creacionistas? O, al revés, ¿no es probable que se descubra algún fósil humano en estratos tan profundos que haya que abandonar las hipótesis evolucionistas? Estas preguntas conducen inevitablemente a la cuestión acerca de qué es ciencia. ¿Es científica la teoría de la evolución? ¿Lo es el creacionismo?

El origen del hombre es un asunto tan escurridizo que resulta prácticamente imposible de asir con los limitados guantes de la ciencia. Lo que ocurrió en el remoto pasado, cuando todavía no había observadores humanos que pudieran dar fe de ello, resulta y resultará siempre altamente especulativo. De ahí el elevado grado de incertidumbre que abrigan aquellas disciplinas que pretenden descubrir los orígenes del mundo, la vida y el propio hombre. Por eso cada nuevo hallazgo puede obligar a replantear o modificar radicalmente las antiguas hipótesis. Los fósiles descubiertos en Atapuerca, tanto los del *Homo antecessor* como los anteriores al *Homo neanderthalensis*, pueden ser interpretados como auténticos seres humanos. No obstante, el supuesto antecesor común a simios y hombres, si es que alguna vez existió, no se ha encontrado todavía. Los hallazgos de la sierra burgalesa son de otro período, y permanecen por lo tanto mudos ante semejante incógnita.

De todas formas, no parece probable que el profundo abismo existente entre los partidarios de la evolución del hombre y los partidarios de su creación directa pueda ser salvado mediante el descubrimiento de nuevos fósiles. En realidad, ni uno ni otro postulado pueden ser considerados como auténticas teorías científicas, ya que no admiten la verificación definitiva. Cualquier nuevo descubrimiento podrá ser siempre interpretado de manera que encaje o se adapte a la teoría que se prefiera. Por tanto, evolucionistas y creacionistas están condenados a llevar vidas paralelas de desavenencia mutua, basadas más en la propia fe que en los hechos observables.

A pesar de todo, ¿no sería posible aceptar la hipótesis de un Dios que crea mediante evolución? ¿Por qué no asumir el evolucionismo teísta de Teilhard de Chardin y tantos otros? Desde la perspectiva teológica de un Dios que crea por amor y que se complace en la bondad original de su creación, parece difícil hacer encajar los requerimientos de la selección natural y la lucha por la supervivencia. ¿Qué tipo de justicia divina sería aquella que permitiera el sufrimiento, la muerte y la extinción de tantas especies vivas, solo para que al final aparecieran el *Homo sapiens* y los demás organismos del presente? ¿No sería tal creador culpable del dolor de sus criaturas? ¿No habría seguido un proceso cruel de tanteo al eliminar a tantos seres inocentes? ¿En qué medida podría ser moralmente responsable de sus actos una criatura humana que a lo largo de su evolución habría progresado eliminando sistemáticamente a sus competidores? ¿Cómo podría el Dios de la Biblia afirmar impasible que todo esto era bueno en gran manera?

Son objeciones importantes que no pueden ser pasadas por alto. La Biblia afirma que el hombre y la mujer fueron creados a imagen de Dios, distinguiéndolos así claramente del resto de la creación. La fe en tal postulado no tiene por qué sucumbir ante la fe en los supuestos hombres-mono. Se trata de dos creencias que no parecen compatibles.

Evolución humana: los genes dicen que no

El transformismo ha defendido siempre la idea de que el cerebro humano no es más que otro resultado de la evolución. El alma del hombre no sería la cima perfecta de la Creación, sino solo una desviación evolutiva poco perfecta del estúpido cerebro de un mono. Sampedro lo expresa así: «La inteligencia humana nos puede parecer cualitativamente distinta de la de cualquier otro animal, pero nada impide tratarla biológicamente como el último eslabón de un continuo histórico. La razón del salto cualitativo que apreciamos hoy entre los humanos y los monos es, simplemente, que las formas intermedias de la evolución del cerebro se han extinguido» (Sampedro, 2002: 161). El mismo problema que preocupaba a Darwin es hoy el aguijón sobre el que continúa dando coces el evolucionismo. Los fósiles entre los primates y la especie humana, que deberían apoyar la evolución del cerebro, siguen tan perdidos como en el siglo XIX.

Una ojeada al pretendido árbol genealógico del hombre (al último de ellos) pone de manifiesto que lo que realmente ha evolucionado en el tiempo han sido dichos árboles. Casi cada paleoantropólogo propone el suyo, que curiosamente suele girar en torno a los restos fósiles descubiertos por él o por su propio grupo. No hay una disciplina que genere tanta rivalidad profesional como esta. A pesar de todo, la mayoría de los antropólogos evolucionistas cree hoy que el estudio de los fósiles, de lo que ellos llaman homínidos, refleja más bien continuidad que cambio o transformación. En otras palabras, la teoría del equilibrio puntuado de Gould y Eldredge le gana al gradualismo de Darwin por cinco a cero y en su propio campo. A nosotros esto nos parece una victoria pírrica pues ya vimos las lagunas que presenta esta teoría.

En efecto, se cree que en África, cerca del Lago Turkana (Kenia), aparecieron unas veinte especies distintas de Australopithecos cuyos restos han sido encontrados en estratos pertenecientes al Plioceno y datados entre los 2.5 y los 4.5 millones de años de antigüedad, según la cronología evolucionista. No se aprecia en ninguna de estas especies el más mínimo cambio evolutivo que permita deducir que poco a poco se convirtieran en alguna otra especie distinta. Lo mismo cabe decir de los demás homínidos, de aquellos fósiles que se clasifican en el género Homo, que aparecen en Etiopía y coexisten con los Australopithecus durante casi un millón de años.

Tampoco hay señales de transición gradual entre *Homo habilis* y *Homo erectus*, ya que ambas especies aparecen en los estratos casi a la vez. No se conoce transición alguna entre *Homo erectus* y cualquier otra especie de ese género (*H. ergaster*, *H. sapiens*, *H. neanderthalensis*, *H. antecessor*, *H. rhodosiensis* u *H. heidelberguensis*). Los árboles evolutivos y las relaciones entre especies se construyen de manera hipotética, pues están basados en meras conjeturas o asunciones previas. La realidad es que las especies siempre permanecen estables durante millones de años, nunca se observan evidencias de transición entre una especie y otra. ¿Qué significa todo esto? Más que el dibujo de un árbol de familia, los fósiles indican islas en medio de un océano oscuro y nebuloso.

Lo más espectacular viene ahora. En la prestigiosa revista Nature, en marzo del 2002, el evolucionista molecular Alan Templeton, de la Universidad de Washington, hizo público un estudio acerca de las comparaciones de ADN en los seres humanos actuales. Sus conclusiones revolucionan completamente la antropología. Ya no se habla de huesos fósiles, sino de genes presentes en los humanos actuales que se consideran fósiles del pasado. Si Templeton tiene razón, todas las especies fósiles conocidas, tales como *Homo erectus*, *Homo antecessor*, *Homo heidelbergiensis*, *Homo neanderthalensis* y *Homo sapiens*, son en realidad la misma y única especie humana. Esto supone un cambio fundamental de paradigma dentro de la antropología, ya que confirma que los pretendidos eslabones fósiles no eran más que variedades humanas. En otras palabras, no existe evidencia de que el hombre halla evolucionado a partir del primate. Las personas siempre han sido personas y los monos, monos.

Origen del lenguaje

Con el origen del lenguaje ocurre lo mismo que con el de los genes Hox, se trata de un acontecimiento único ocurrido una sola vez en la historia de este mundo y sin evidencias de que se haya producido por evolución como se creía hasta ahora. El debate en torno a este tema oscilaba hasta el presente entre dos posturas principales. De una parte, las ideas de la escuela psicológica conductista, representadas por Burrhus Skinner, que aceptaban la evolución y transformación lenta de los gruñidos en palabras, y por la otra, las hipótesis del lingüista norteamericano Avram Noam Chomsky. Este afirmaba que los seres humanos nacemos ya con un dispositivo cerebral innato y especializado, que nos permite aprender el idioma materno en la más tierna infancia casi de forma automática con solo oír frases sueltas en el seno familiar. Por su parte, Skinner rechazaba tales creencias señalando que las personas al nacer poseen un cerebro que es como una *tabula rasa* y que poco a poco se va desarrollando mediante la imitación, los hábitos y el aprendizaje.

El darwinismo ha venido siendo el aliado natural de las ideas de Skinner, mientras que ha rechazado enérgicamente la hipótesis chomskyana por no someterse al gradualismo. Sin embargo, la genética y la neurología modernas le han dado la razón a este último. Según Chomsky, no es posible explicar el origen del lenguaje como la evolución gradual desde una jerga de gruñidos, gestos y gritos dados por los monos hasta las primeras palabras humanas, sino que, por el contrario, el hombre debió hablar bien desde el principio. La distancia que hay entre un gruñido de primate y el órgano del lenguaje innato del hombre es un abismo profundo e insalvable para la evolución. Se trata de un órgano complejo hecho de redes nerviosas, con una estructura especial, que ya existe en el recién nacido y que es perfectamente diseñado por los genes durante el desarrollo del cerebro.

La hipótesis de Chomsky acerca de que todos los lenguajes humanos, a pesar de su extraordinaria variedad, están ya predeterminados por una gramática universal que comparten todos los hombres, acaba de ser confirmada mediante pruebas neurológicas. La doctora Maria Cristina Musso y su equipo de colaboradores de la Universidad de Hamburgo han identificado por primera vez la región del cerebro humano, localizada en el área de Broca, donde reside la gramática común que subyace a todos los lenguajes humanos (*Nature Neuroscience*, 23.06.2003).

«¿Qué tiene que ver que el *Australopithecus* pueda *aprender* unos cuantos gruñidos con la posterior evolución de los genes que *saben hacer* una arquitectura neuronal innata del lenguaje? Los *Homo sapiens* llevamos miles de años enseñando a nuestros hijos a atarse los cordones de los zapatos, y no por ello hemos conseguido que el cerebro humano desarrolle un órgano innato que aprenda a atarse los cordones sin casi ningún esfuerzo por parte del niño» (Sampedro, 2002). La selección natural de Darwin es incapaz de explicar el origen de la facultad para hablar que tiene el hombre. El lenguaje no es algo que se pueda conectar al cerebro de un mono y obligarle a hablar de inmediato, sino que se apoya firmemente, desde su origen, en el córtex cerebral, o sea, en algo tan complejo como el mapa de los estados de conciencia del ser humano. Por tanto, las numerosas diferencias que existen entre el cerebro humano y el de los primates no pueden ser el producto de un salto evolutivo al azar.

Desde la fe, los creyentes aceptamos que en la Creación Dios dotó al ser humano con la facultad de hablar. Haciendo analogía con los versículos de Juan, podemos decir que: «En el principio ya existía el Verbo ... y el Verbo era Dios.» El Verbo era Jesús quien, junto al Padre, fueron el origen de las palabras y del ser que se comunica mediante ellas.

Conclusión: Darwin ha muerto, Dios sigue vivo

Después de repasar las implicaciones de algunos descubrimientos científicos de última hora y compararlos con las propuestas del darwinismo y de la teoría de la evolución en general, creo que hay suficientes motivos lógicos para concluir que los hechos observados apoyan el diseño inteligente de la creación y no su aparición mediante procesos naturalistas ciegos o carentes de intención. Empezamos este libro señalando que para algunos, Darwin, tanto si fue consciente de ello como si no, había matado a Dios. Es posible que hasta el día de hoy muchos estén convencidos de tal afirmación. Sin embargo, en nuestra opinión y según acabamos de ver, eso no fue así. Dios continúa siendo la explicación final al enigma del universo y la vida, como confirma la ciencia actual libre de prejuicios. Dios no ha muerto, el que murió fue Darwin, y aunque sus teorías han llegado hasta nuestros días, lo cierto es que pronto asistiremos también al funeral de las mismas.

Cada persona tiene su propia versión del mundo y su propia filosofía de la vida, incluso aunque a veces no sea consciente de ello. El ser humano, desde los días de Job, siempre se ha preocupado por descubrir la verdad y vivir de acuerdo a ella. Las distintas visiones que existen del mundo se pueden analizar y criticar según cómo respondan a las preguntas básicas del ser humano. El escritor norteamericano Charles Colson, en su inspiradora obra *Y ahora ... ¿cómo viviremos?*, reduce esta preguntas a cuatro. La primera tiene que ver ante todo con la identidad: ¿De dónde venimos y quiénes somos? La segunda se interesa por la historia: ¿Qué es lo que ha sucedido en el mundo? La tercera tiene que ver con las posibilidades de modificar las cosas: ¿Qué podemos hacer

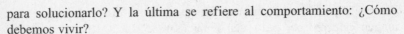

para solucionarlo? Y la última se refiere al comportamiento: ¿Cómo debemos vivir?

Estas cuatro preguntas son como un bisturí que nos permite diseccionar todas las filosofías e ideologías de este mundo. Desde los libros de texto de las escuelas y universidades, hasta el pensamiento que hay detrás de ciertos programas de la televisión. Cualquier tema que analicemos, desde la familia a la educación, desde la política a los asuntos científicos, desde el arte a la cultura popular, la sociología, la bioética, todo está empapado por la solución que se dé a tales incógnitas. El mayor desafío al que estamos asistiendo hoy los cristianos es el conflicto entre dos visiones opuestas del mundo: por un lado el teísmo, por otro el naturalismo. El teísmo es creer que hay un Dios trascendente que creó el universo, mientras que el naturalismo afirma que las causas naturales, por sí solas, son suficientes para explicar todo lo que existe.

En realidad, la visión del mundo que predomina hoy en nuestra sociedad occidental es precisamente este naturalismo, en base al cual se ha forjado una cultura poscristiana, posmoderna y posmoralista. Una cultura cuyos principios fundamentales se basan en que Dios no existe, solo existe la naturaleza que podemos ver. No hay Revelación que valga, cada cual debe buscar su propia verdad. La vida no tiene propósito, pues solo somos «accidentes cósmicos surgidos del barro». Estas ideas conducen al relativismo moral: Si Dios no ha hablado, que cada cuál se construya su propia moral y viva como quiera, pues todo es relativo. Lo correcto no es lo que diga la Biblia, sino lo que funcione mejor (el llamado utilitarismo). Aquello que resulte útil al ser humano es siempre lo bueno; lo que sea inútil, lo que no sirva para nada, puede abandonarse o desecharse.

Analicemos estas cuatro preguntas principales que contraponen los principios naturalistas a los del cristianismo.

¿De dónde venimos, del azar o de la creación?

Uno de los más populares predicadores del naturalismo, el ya fallecido Carl Sagan, se apresuró a responder desde su famosa serie *Cosmos* que: «Somos hijos del cosmos ... porque el cosmos es todo lo que existe, existió o existirá jamás.» Según él, el universo sería el producto de fuerzas ciegas sin un fin determinado. ¿Puede llamarse a esto ciencia? ¿Cómo es posible demostrar tal afirmación? El naturalismo puede presentarse como ciencia, mediante cifras y datos, pero es una religión que se está enseñando por todas partes, a los niños y a los adultos. El debate no es entre la Biblia y la ciencia, sino entre religión y religión, entre naturalismo y cristianismo. Por una parte la visión naturalista nos dice que el universo es el producto de la casualidad. Por la otra, la visión cristiana afirma que fuimos creados por un Dios que nos ama y tiene un propósito para nosotros.

El naturalismo afirmaba hasta hace poco que la materia del universo era eterna, que no se podía crear ni destruir, y que, por lo tanto, el cosmos no había sido creado. Esa materia empezó a cambiar al azar, en algún momento indeterminado, y originó por evolución todas las galaxias, estrellas y planetas del universo, así como a todos los seres vivos de la Tierra, incluido el hombre. Más tarde, Darwin vistió esa idea con su teoría de la selección natural de las especies biológicas. Un proceso ciego, sin meta u objetivo final, pero capaz de originar por casualidad la inmensa diversidad de seres del universo.

El cristianismo, basado en la Revelación bíblica, afirma por el contrario que la materia no es eterna, sino que fue creada por Dios, igual que el tiempo y el espacio. Dios creó el universo con un propósito inteligente, con un objetivo final, y calculó con suma precisión cada ley natural y cada detalle importante para la vida.

Resulta que en las últimas décadas la ciencia ha cambiado su manera de entender el origen del universo, acercándose más a los planteamientos de la Biblia. Después de haber sostenido durante siglos que el universo y la materia eran eternos y que, por lo tanto, no necesitaban de un Creador, hoy se ha encontrado evidencia de que tuvieron un principio en un tiempo finito, justo como decía la Biblia. La idea de la creación ya no es solo una cuestión de fe religiosa. Como confiesa el físico agnóstico Paul Davies: «El Big Bang es el lugar en el universo donde hay espacio para que aún el materialista más tenaz, admita a Dios» (Davies, 1988b).

Pero no solo se cree que hubo un gran comienzo, sino que además la ciencia está reconociendo últimamente que la estructura física del universo ofrece asombrosa evidencia de propósito y designio. Se ha propuesto el llamado principio antrópico, que afirma que la estructura del cosmos es exactamente la que debe ser para que haya vida y vida inteligente. La asombrosa cantidad de coincidencias cósmicas que hacen posible la vida en la Tierra (como su órbita precisa, la temperatura adecuada, su distancia del sol, la estructura del átomo de hidrógeno, la forma molecular del agua, etc.), ¿se deben al azar o a un designio inteligente? Esto preocupa hoy a físicos y astrónomos porque comienza a parecer que las leyes de la física fueron calibradas exquisitamente desde el comienzo para la creación de la vida humana. La ciencia abre hoy la puerta a la fe en el Dios Creador.

¿Qué podemos decir del origen de la vida y de su evolución posterior, según propone el darwinismo? A lo largo de este libro hemos visto que, hoy por hoy, ni se ha creado vida en el laboratorio, ni se conoce cuál podría ser el motor de la evolución, si es que esta se ha producido.

Las mutaciones y la selección natural al azar no crean nada nuevo. La inmensa mayoría de tales mutaciones son letales o perjudiciales para los individuos que las presentan. Las especies biológicas cambian hasta un cierto límite que no pueden cruzar. Hay una gran diferencia entre microevolución y macroevolución. Los órganos y funciones «irreductiblemente complejos» no permiten interpretar su origen por medio del darwinismo. La realidad de las lagunas fósiles y la debilidad de las teorías que pretenden explicarlas se ha puesto de manifiesto.

De todo esto puede deducirse que la teoría de Darwin no es ciencia, sino filosofía naturalista disfrazada de ciencia. Desde ningún rincón de la verdadera ciencia actual se puede descartar o negar que la naturaleza sea el producto de la mente creativa de un Dios inteligente. La doctrina bíblica de la creación sigue siendo el primer elemento de la visión cristiana del mundo, el fundamento sobre el cual se edifica todo lo demás.

¿Qué ocurrió al principio, la mejora moral del primate o la caída del hombre?

La pregunta más difícil de responder por parte de los cristianos es la del origen del mal en el mundo. Si Dios es sabio, bueno y todopoderoso, ¿por qué permite el mal, el sufrimiento y la injusticia? ¿Por qué a la gente buena le pasan cosas malas? La Biblia dice que Dios nos amó tanto que nos otorgó la dignidad singular de ser agentes morales libres, criaturas con capacidad de tomar decisiones, de elegir entre lo bueno y lo malo. Sin embargo, el ser humano eligió mal, prefirió su autonomía moral antes que su dependencia de Dios. Y mediante tal elección, mediante tal rechazo del camino divino, el mundo quedó abierto a la muerte y a la maldad. Esta catástrofe moral es lo que la Biblia llama la caída.

Es decir, que parte de la responsabilidad del mal recae directamente sobre la raza humana. No todo el mal es culpa del hombre. Antes de él ya existía un mal que el Génesis simboliza en la serpiente. Pero, desde luego, el ser humano es responsable desde el instante en que le da la espalda a Dios y pretende ser autosuficiente. El problema de esta explicación no es que sea difícil de entender, sino que a la gente no le gusta. Porque implica a cada ser humano. La idea de pecado parece dura y hasta degradante para la dignidad humana. Por eso muchos pensadores, a lo largo de la historia, la han desechado.

En el siglo XVIII, Rousseau elaboró su mito de la sociedad culpable, afirmando que en estado natural la naturaleza humana es buena, pero las personas se vuelven malvadas solo cuando las corrompe la sociedad. Mas tarde, en el siglo XIX, el padre de la psicología, Sigmund Freud, diría también que el ser humano no era malo, simplemente se comportaba con arreglo a los impulsos primitivos que le proporcionaba esa parte del cerebro, más antigua y animal, que aún le quedaba de cuando era todavía un primate. Pero que ya evolucionaría y mejoraría moralmente. Ideas como estas han llevado, por ejemplo, a ver a los criminales como impotentes víctimas de las circunstancias.

Hoy es frecuente oír decir a sociólogos y educadores que la culpa de la delincuencia la tiene la pobreza y otros males sociales, que la responsabilidad del crimen está fuera del criminal o que las personas no están en la cárcel porque lo merezcan. Es evidente que el ambiente que rodea a muchos delincuentes influye negativamente sobre ellos, pero no todos los que viven en ese ambiente delinquen. El hombre es hombre precisamente porque puede hacer elecciones moralmente significativas. Pero negando el pecado y la responsabilidad moral no se va a mejorar la sociedad, sino que se le resta significado a las decisiones y a las acciones humanas. Se roba dignidad a las personas y no se solucionan los problemas del hombre.

¿Cómo es posible liberarse del mal mediante el progreso de la autonomía humana o a través de la redención?

La necesidad de salvación está arraigada en el alma humana desde que la primera pareja se descarrió en el huerto del Edén. El deseo de liberación del poder del mal es universal, y cada religión ofrece alguna clase de redención. El budista la busca a través del nirvana. El estado final de felicidad se alcanzaría solo con la contemplación. El judío busca la expiación por las buenas obras. El musulmán anhela el paraíso y para lograrlo debe pasar por la peligrosa espada del juicio. Pero las religiones tradicionales no son las únicas que ofrecen redención. Hoy también la ofrece la idolatría del consumo y otras mil religiosidades posmodernas. Algunos buscan la salvación en el mito del progreso, en las utopías de la mejora social o en la liberación a través del sexo, la ciencia, los deportes de alto riesgo, las religiones exóticas o la Nueva Era. Sin embargo, los dioses de estas religiosidades míticas tienen poderes limitados. No redimen verdaderamente, sino que están sujetos a las mismas debilidades y vicios humanos.

El cristianismo, por el contrario, ofrece la única respuesta veraz al dilema humano. El problema básico del hombre es de carácter moral. La realidad es que el ser humano es culpable delante de Dios. Las Escrituras enseñan que como el pecado ofendió a un Ser infinito, la consecuencia del mismo es también infinita. Por lo tanto, solo Dios puede pagar un castigo así. De ahí que Dios se hiciera hombre en Jesucristo para pagar la pena de nuestro pecado. Esta es la Buena Noticia del evangelio. Todas las demás ideologías son pálidas imitaciones del evangelio cristiano. Ninguna otra visión del mundo libera realmente, ya que la salvación del cristianismo está basada en una verdad histórica: la resurrección de Jesucristo.

Aunque la resurrección de Cristo es solo el comienzo de la historia de la redención. En Pentecostés, el Espíritu Santo entró en la vida de los creyentes para cumplir en ellos los propósitos divinos. También hoy todos los creyentes reciben el poder de convertirse en hijos de Dios, para ser transformados y restaurados a nuestra verdadera naturaleza, la de personas creadas a la imagen de Dios. De manera que la redención nos restaura moralmente a la manera en que fuimos creados al principio.

¿Hay que restaurar el mundo?

Dios nos ha hecho nuevas criaturas para que cambiemos el mundo. El ser humano reformado es capaz de transformar culturas. Es verdad que la caída y el pecado introdujeron un poder destructivo en el orden creado por Dios, pero no eliminaron completamente ese orden. Los cristianos hemos sido redimidos por Cristo para que cumplamos nuestro propósito original: hacer aquello para lo que fuimos creados. Es decir, construir sociedades y crear una cultura auténticamente cristiana. Y al hacerlo, restaurar el orden de la creación. Es verdad que debemos predicar el evangelio a toda criatura, pero también debemos crear una cultura cristiana.

El apóstol Pablo escribió: «La creación aguarda con ansiedad la revelación de los hijos de Dios» (Romanos 8:19). Los cristianos hemos sido salvados del pecado para hacer que el señorío de Cristo reine sobre todas las cosas. Restaurar la creación de Dios significa influir con el evangelio en la moralidad privada y en la pública, en la vida individual y en la vida familiar, en la educación y en la comunidad, en el mundo laboral, en la política y en las leyes, en la ciencia y en la medicina, en la literatura, el arte y la música. El objetivo redentor debe impregnar todo lo que hacemos, ya que no hay una línea divisoria entre lo sagrado y lo secular. Debemos hacer que «todas las cosas estén bajo el señorío de Cristo».

La visión cristiana del mundo es la más coherente que existe. La esperanza para el mundo de hoy que debemos transmitir, el sistema de vida y de valores cristianos, se basa en estos cuatro pilares: 1) *La creación:* «Dios, en el principio, creó los cielos y la tierra» (Génesis 1:1); «Hagamos al ser humano a nuestra imagen y semejanza» (Génesis 1:26). Venimos de Dios y somos imagen de Dios. ¡Esa es nuestra identidad! Por eso, si no tenemos a Dios en nuestra vida, si no vivimos con arreglo a sus principios, es lógico que tengamos problemas insolubles. 2) *La caída:* La condición humana está arruinada por el pecado: «Pues todos han pecado y están privados de la gloria de Dios» (Romanos 3:23). Esto es lo que ha sucedido en el mundo: la entrada del pecado. 3) *La redención*: pero Dios proporcionó una manera para que nos reconciliemos con él, a través de

Jesucristo. «Porque tanto amó Dios al mundo, que dio a su Hijo unigénito, para que todo el que cree en él no se pierda, sino que tenga vida eterna» (Juan 3:16). 4) *La restauración*: Somos llamados a llevar estos principios a la sociedad y crear así una nueva cultura, la cultura del reino de Dios en la tierra. «Es necesario que él [Jesús] permanezca en el cielo hasta que llegue el tiempo de la restauración de todas las cosas» (Hechos 3:21).

Quizás seamos poca cosa, pero si restauramos nuestro mundo estaremos restaurando el mundo. Esta es la responsabilidad y la gloriosa misión de los cristianos, seguir hablando de Jesús a nuestros conciudadanos, porque él es el espejo en el que podemos ver a Dios y también conocernos a nosotros mismos. Comparado con el ideal de otras religiones o ideologías, Cristo resulta alarmante. Ante el ideal griego y romano (e incluso posmoderno) de lo bueno y lo bello, Jesús se da a conocer, más bien, como todo lo contrario. Jesús es accesible a toda clase de criaturas cargadas de enfermedades y defectos: desde fiebre hasta ceguera; posesos y leprosos; traidores a su nación y prostitutas. Cristo, nacido en un pesebre, de origen humilde, era él mismo uno de esos pobres. ¿Cómo es posible seguir sosteniendo una teología de la prosperidad? El Maestro habló de Dios a los despreciados y a los sin-dios. A los injustos les anunció la justicia de la gracia divina. A los pecadores les perdonó sus pecados. Se identificó con los no-hombres de aquella sociedad, para llamarlos y tratarlos como seres humanos. Y a los hambrientos y encarcelados les llamó «mis hermanos más pequeños».

Por eso la muerte de Cristo iguala a todas las personas. El crucificado nos iguala a todos. Como escribió el teólogo alemán Jurgen Moltmann: «Así como en una calavera no se ve si fue la de un rico o la de un pobre, de un hombre justo o de un injusto, en la miseria humana que se manifiesta en el crucificado … se hacen reales … todas aquellas diferencias con las que los hombres se separan de otros hombres» (Moltmann, 1986). Dios se hizo hombre para, de unos dioses orgullosos e infelices, hacer hombres verdaderos. Por eso la cruz de Jesucristo será siempre el punto de diferenciación entre el cristianismo y las demás religiones e ideologías del mundo. Los cristianos estamos llamados a ser diferentes porque fuimos transformados por Cristo. El discípulo de Jesús debe experimentar los frutos del Espíritu que le lleven a amar a sus enemigos, ser humilde, actuar con justicia, decir siempre la verdad, ser misericordioso y pacificador, saber poner la otra mejilla, no recrearse en la lujuria, no buscar los primeros puestos, practicar la generosidad, etc., etc. Es decir, debe estar loco, pues todo esto es locura a los ojos de la sociedad.

Sin embargo, este es el evangelio que debemos presentar y, sobre todo, que debemos vivir.

GLOSARIO

Ácidos nucleicos: Nombre genérico del ADN y el ARN.

Adaptacionismo: Creencia en que todas las estructuras y propiedades de un ser vivo son el resultado de cambios adaptativos.

Adaptativo: El cambio en una parte del cuerpo, en la forma de un órgano, o en la secuencia de un gen, que produce una mayor utilidad en su entorno.

Adenina: Una de las cuatro bases nitrogenadas presentes en los nucleótidos del ADN y del ARN.

ADN: Ácido desoxirribonucleico. Molécula que lleva la información genética y está constituida por muchos nucleótidos formados por ácido fosfórico, desoxirribosa y una base nitrogenada.

ADN ligasa: Enzima capaz de unir dos porciones de ADN que están próximas y que, por tanto, juega un papel importante en la reparación del ADN. Se utiliza en ingeniería genética para unir el ADN extraño al del plásmido en el que se pretende incorporar.

ADN recombinante: Molécula que resulta de la unión artificial, mediante ingeniería genética, de segmentos de ADN de procedencia distinta.

Afinidad: Fuerza con que una molécula de un cuerpo se pega a otra. Una proteína Hox, por ejemplo, puede tener más o menos afinidad por la zona reguladora de un gen.

Alelo: Variante de un gen; por ejemplo, para el gen que determina el color de los ojos pueden existir los alelos de color negro, azul, marrón, etc.

Alelo dominante: Alelo que cuando está en heterocigosis con un alelo recesivo manifiesta su fenotipo. Por ejemplo, la altura de la planta de los guisantes está controlada por dos alelos, uno para originar plantas altas (A) y otro para plantas bajas (a). Cuando ambos están presentes (Aa), es decir, cuando la planta es heterocigota, la planta crece alta, ya que el alelo «A» es dominante y enmascara al «a» recesivo.

Alelo recesivo: Alelo que cuando está en heterocigosis con un alelo dominante no manifiesta su fenotipo. El aspecto controlado por un alelo de tipo recesivo solo se hace aparente en un individuo cuando se presenta en forma doble. En el ejemplo anterior de la planta de los guisantes, una planta baja sería necesariamente (aa).

Alopátrico: Se llama así al modelo de formación de nuevas especies ideado por Sewall Wright. Explica el hecho de los rápidos cambios genéticos que acumula una especie en poblaciones pequeñas cuando se encuentra aislada.

Aminoácido: Molécula pequeña que constituye la unidad estructural de las proteínas. En los seres vivos solo existen veinte aminoácidos distintos que forman todas las proteínas.

Anemia falciforme: Enfermedad hereditaria crónica que se caracteriza por la disminución de los niveles de hemoglobina en la sangre. La hemoglobina es un pigmento que se encarga de transportar el oxígeno a los tejidos. Este trastorno se debe a una alteración de la hemoglobina que deforma los glóbulos rojos, haciéndoles adoptar forma de «hoz», por lo que son destruidos fácilmente. También se le llama drepanocitosis.

Anencefalia: Ausencia congénita de cerebro, incompatible con la vida.

Aneuploidía: Célula con un cromosoma de más o de menos.

Anidación: Proceso por el que el embrión se une a la pared del útero hacia los seis o siete días después de la fecundación.

Anovulatorio: Anticonceptivo de naturaleza química que impide la ovulación.

Antianidatorios: Dispositivos intrauterinos cuyo fin es evitar la anidación del cigoto.

Anticonceptivos: Medios mecánicos o químicos cuya finalidad es evitar la concepción. Además de los preservativos, el diafragma o la píldora convencional, hoy se está extendiendo cada vez más el uso de la píldora abortiva RU- 486.

Anticuerpo: Proteína producida por ciertos linfocitos de la sangre en respuesta a la entrada al organismo de una sustancia extraña (antígeno) para neutralizarla. La unión antígeno-anticuerpo es muy específica.

Antígeno: Cualquier sustancia que el organismo pueda reconocer como extraña y, por tanto, desencadenar una respuesta inmunitaria. Los antígenos pueden ser introducidos en el cuerpo o formarse dentro de él. Generalmente se trata de proteínas.

Antiparalelo: Se dice de las dos cadenas nucleotídicas paralelas del ADN en las que ambas presentan la misma dirección, pero sentidos opuestos.

Antropología: Ciencia que estudia al ser humano en sus aspectos físicos, sociales y culturales. // ETIMOLOGÍA: Del griego *antropo* (hombre) y *logía* (ciencia).

Arqueas: Llamadas también arqueobacterias. Son bacterias adaptadas a condiciones extremas de temperatura, acidez, etc.

ARN: Ácido ribonucleico. Compuesto orgánico complejo de las células vivas relacionado con la síntesis de proteínas. La mayor parte del ARN se sintetiza en el núcleo, desde donde se distribuye a varias partes del citoplasma. Está formado por una larga cadena de nucleótidos en los que el azúcar es la ribosa y las bases son la adenina, guanina, citosina y uracilo. El ARN mensajero (ARNm) es responsable de trasladar el código genético transcrito desde el ADN a los centros de la célula especializados en las formación de proteínas (ribosomas). El ARN ribosómico (ARNr) se encuentra en los ribosomas y está formado por una hebra simple doblada sobre sí misma. El ARN de transferencia (ARNt) está relacionado con el ensamblaje de los aminoácidos para formar la proteína.

Bacteria: Organismo celular microscópico que carece de núcleo diferenciado y que puede multiplicarse por bipartición, división simple o por esporas. Algunas son agentes de determinadas enfermedades infecciosas. // ETIMOLOGÍA: Del griego *bakteria* (bastón).

Bacteriófago o fago: Virus parásito de una bacteria. Cada fago es específico de un único tipo de bacteria.

Base nitrogenada: Molécula que forma parte de un nucleótido. En el ADN existen las cuatro siguientes: adenina (A), timina (T), citosina (C) y guanina (G), mientras que en el ARN la timina se sustituye por el uracilo (U). Las bases nitrogenadas dan especificidad a los distintos nucleótidos.

Bauplan: Se llama así al plan fundamental de diseño común a un amplio grupo de especies. Según la tradición morfológica alemana es la clave para entender el mundo vivo.

Biodiversidad: Variedad de especie vegetales y animales de la biosfera, así como de los genes que los constituyen y los ecosistemas con los que se relacionan.

Bioética: Ética de la vida. Parte de la filosofía moral o de la ética que estudia la licitud o ilicitud moral de las intervenciones sobre la vida de las personas, aplicando las técnicas biomédicas más avanzadas.

Biología molecular: Parte de la biología que estudia las moléculas que constituyen a los seres vivos.

Blastocele o blastocelo: Cavidad de la segunda fase del desarrollo de un embrión. ETIMOLOGÍA: Del griego *blastós* (germen) y *koilos* (hueco).

Blastocito: Nombre que recibe el embrión desde el séptimo día de la fecundación hasta el decimocuarto.

Blastodermo: Masa de células que procede de la segmentación del óvulo fecundado y que da lugar a la blástula o segunda fase del desarrollo del embrión. ETIMOLOGÍA: Del griego *blastós* (germen) y *dérmos* (piel).

Blastómero: Cada una de las células que componen la blástula o segunda fase del desarrollo de un embrión.

Capas germinales: Cuando los embriones de casi todos los animales alcanzan la fase llamada gástrula, en la que esta tiene forma de esfera hueca, se llaman capas germinales a las tres capas que se observan. El ectodermo, que dará lugar a la piel y el sistema nervioso; el mesodermo, a los músculos, y el endodermo, al tubo digestivo y sus órganos anexos.

Cápsida: Capa proteica que recubre a un virus, también llamada cápside, y que está formada por unidades denominadas capsómeros.

Cariotipo: Conjunto de las características morfológicas externas —forma, tamaño y número— de los cromosomas que existen en una célula.

Cavidad amniótica: Saco lleno de líquido que envuelve al embrión y le proporciona un medio de protección frente a la presión de los órganos maternos.

Célula: Unidad fundamental de los seres vivos, dotada de cierta individualidad funcional y generalmente visible solo al microscopio. ETIMOLOGÍA: Del latín *cellula* (celdita).

Célula germinal: Aquella con dotación cromosómica haploide (n), destinada para la fecundación y procreación de los organismos; gameto.

Célula somática: Célula con dotación cromosómica diploide (2n), que constituye la mayoría de los tejidos y órganos de los seres vivos. No está destinada a la reproducción.

Célula totipotente: Célula embrionaria que tiene la capacidad de originar un organismo completo mediante divisiones celulares sucesivas.

Centrifugación: Sometimiento de una sustancia a una fuerza centrífuga para conseguir la separación de componentes que están unidos o mezclados.

Centríolo: Orgánulo intracelular tubular, doble, que durante la mitosis emigra a los polos de la célula y rige la formación del huso acromático.

Cigoto: Célula huevo que procede de la unión de un gameto masculino, o espermatozoide, con otro femenino, u óvulo, en la reproducción sexual. // ETIMOLOGÍA: Del griego *zygóo* (yo uno).

Citocromo: Grupo de proteínas que poseen todas un átomo de hierro en el grupo hemo y que forman parte de la cadena transportadora de electrones, de las mitocondrias y los cloroplastos. Los electrones son transferidos por cambios reversibles en el átomo de hierro entre la forma reducida y la oxidada.

Citoplasma: Parte de la célula que rodea al núcleo y que está limitada por la membrana celular. ETIMOLOGÍA: Del griego *kytos* (célula) y plasma (forma).

Citosina: Una de las cuatro bases nitrogenadas presentes en los nucleótidos del ADN y el ARN.

Clina: Cambio gradual de una característica o de la frecuencia de un gen, siguiendo una determinada dirección u orientación geográfica o ambiental.

Cloroplasto: Orgánulo de las células vegetales donde tiene lugar la fotosíntesis.

Código genético: Sistema que permite traducir la información genética contenida en el ADN para la obtención de proteínas específicas.

Conducto deferente: Conducto excretor del testículo que va desde el epidídimo hasta el conducto eyaculador.

Conjugación: Forma de reproducción sexual que se observa en algunas algas, bacterias y protozoos ciliados. En estos casos se unen dos individuos mediante un tubo. El material genético de una de las células pasa a través del tubo a la otra.

Consanguinidad: Unión por parentesco natural de personas que descienden de antepasados comunes.

Cordón umbilical: Conjunto de vasos que unen la placenta de la madre con el vientre del feto.

Corion: Envoltura más externa del embrión que recubre a todas las demás y que colabora en la formación de la placenta. ETIMOLOGÍA: Del griego *khórion* (piel, cuero).

Corpúsculo polar: Célula que se origina durante la división celular (meiosis) que da lugar a la formación de los gametos femeninos (óvulos).

Cromatina: Sustancia que contiene material genético y proteínas básicas, y que se encuentra en el núcleo de las células.

Cromosoma: Cada uno de los filamentos de material hereditario que forman parte del núcleo celular y que tienen como función conservar, transmitir y expresar la información genética que contienen. ETIMOLOGÍA: Del griego *khroma* (color) y *soma* (cuerpo).

Cromosoma sexual o heterocromosoma: Es el que decide genéticamente el sexo de la persona. En la mujer hay dos cromosomas sexuales iguales, representados por la fórmula XX, mientras que en el hombre existen dos cromosomas desiguales, XY.

Desespiralización: Proceso de separación de las dos hebras constituyentes de la doble hélice del ADN.

Desoxirribosa: Azúcar de cinco carbonos (pentosa) derivada de la ribosa, la cual es un componente de los nucleótidos (desoxirribonucleótidos) que forman el bloque estructural de la molécula de ADN.

Diferenciación celular: Proceso mediante el cual las células se especializan de forma permanente para dar lugar a los distintos tejidos.

Diploide: Véase «Haploide».

Dominante: Término que se aplica a un determinado alelo o gen (véase «Alelo dominante»).

Ectodermo: Capa celular externa del embrión que origina, entre otras cosas, al sistema nervioso y a la epidermis.

Ectogénesis: Posibilidad de desarrollar embriones humanos fuera del útero materno en placentas artificiales o animales.

Electroforesis: Método de separación de una mezcla de partículas con carga eléctrica en disolución, basado en sus diferentes velocidades de migración al ser sometida la disolución a la acción de un campo eléctrico.

Embrión: Primera fase del desarrollo del huevo o cigoto. En los mamíferos al embrión se le llama «feto» cuando tiene ya las características de su especie. En el hombre, después de tres meses de gestación.

Embrión humano a la carta: Gracias a las técnicas de reproducción asistida, en la actualidad es posible ya seleccionar algunos rasgos del futuro hijo, como el sexo. En Estados Unidos es posible comprar embriones con determinados caracteres.

Endodermo: Capa celular interna del embrión que origina, entre otras cosas, el tubo digestivo.

Endometrio: Membrana mucosa glandular que reviste interiormente al útero. Durante la madurez sexual experimenta fases de proliferación y destrucción.

Enucleado: Sin núcleo.

Enzima: Proteína que actúa como un catalizador en una reacción bioquímica. Cada enzima es específica para una reacción o para un grupo de reacciones relacionadas.

Epistasis: Modificación del fenotipo de un gen debido a la interacción con otro gen distinto.

Epitelio: Capa continua de células que recubre las superficies internas y externas de los órganos.

Epitelio cístico: Primer epitelio que aparece en el embrión.

Esterilidad: Incapacidad de fecundar en el macho y de concebir en la hembra.

Estricnina: Alcaloide cristalino venenoso que se encuentra en ciertas plantas.

Especiación: Formación de nuevas especies.

Especie: Conjunto de individuos con capacidad para reproducirse entre sí y tener descendientes fértiles. Hasta la fecha se desconocen casos de cruzamiento entre el hombre y otras especies.

Esperma: Líquido que contiene los espermatozoides que se producen en el aparato genital masculino; semen. ETIMOLOGÍA: Del latín *sperma*, y este del griego *spérma* (simiente, semilla).

Espermatozoide: Célula sexual masculina que se forma en los testículos. ETIMOLOGÍA: Del griego *spérma* (semilla), *zoion* (animal) y *ñoide* (semejanza).

Estrógenos: Hormonas sexuales femeninas producidas por los folículos de Graaf del ovario. Actúan en el desarrollo del aparato genital y de los caracteres sexuales secundarios.

Etología: Ciencia que estudia el comportamiento y las costumbres de los animales y sus relaciones con el medio ambiente.

Eucariota: Célula con núcleo diferenciado.

Eufenesia: Disciplina que trata de cambiar la expresión de los genes manipulando el ambiente en vez del genotipo.

Eugenesia: Aplicación de las leyes de la herencia a la mejora biológica de la especie humana.

Eugenismo: Actitud racista que pretende favorecer la procreación de individuos

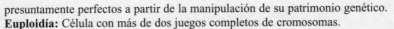

presuntamente perfectos a partir de la manipulación de su patrimonio genético.

Euploidía: Célula con más de dos juegos completos de cromosomas.

Exones: Secuencias de ADN específicas de genes que codifican las proteínas.

Expresividad: Grado de intensidad con que se expresa un genotipo determinado.

Fecundación: Fusión natural o artificial de los gametos masculino y femenino.

Fenilcetonuria: Alteración genética que se caracteriza por un error en la producción de la enzima fenilalanina hidroxilasa, lo cual impide el aprovechamiento del aminoácido fenilalanina que se acumula en la sangre. Esto provoca trastornos en el desarrollo del sistema nervioso, de manera que si no se toman las medidas adecuadas, el paciente presentará un grave retraso mental.

Fenotipo: Aspecto externo que presenta un individuo y que constituye la manifestación visible, en un determinado ambiente, de su genotipo.

Fertilidad: Capacidad reproductiva que posee una persona. Supone la producción suficiente de gametos normales.

Feto: Nombre que recibe el embrión a partir del tercer mes de embarazo. Véase «Embrión».

Folículo de Graaf: Vesícula esférica del ovario que contiene un oocito en desarrollo y líquido folicular.

Fórnix: Término general que designa estructuras anatómicas o espacios en forma de arco.

Galactosemia: Anomalía genética hereditaria caracterizada por un fallo en la producción de la enzima galactosa-1-fosfaturidiltransferasa. Se manifiesta después del parto cuando el bebé ingiere alimentos que contienen galactosa, produciéndose alteraciones gastrointestinales diversas. El tratamiento preventivo consiste en una dieta restrictiva en galactosa, que se debe mantener hasta los seis meses.

Gameto: Célula sexual masculina o femenina de un ser vivo. Espermatozoide en el hombre y óvulo en la mujer.

Gástrula: Fase del embrión que sucede a la blástula y en la que se esbozan las hojas o capas embrionarias.

Gemelos dicigóticos: Gemelos no idénticos genéticamente, originados por la fecundación de dos óvulos con dos espermatozoides distintos.

Gemelos monocigóticos: Individuos genéticamente idénticos que proceden de la división natural de un mismo y único óvulo fecundado.

Gen: Fragmento de ácido desoxirribonucleico (ADN) que constituye la más pequeña unidad funcional de un cromosoma. Contiene toda la información necesaria para construir una proteína.

Gen deletéreo: El que altera el normal desarrollo del individuo o de su capacidad reproductiva, pero no produce la muerte.

Gen egoísta: Teoría formulada por E. O. Wilson en 1975 que fue desarrollada posteriormente como escuela sociobiológica. Su extremo reduccionismo propone que los genes son las únicas entidades que tienen existencia real. Los individuos solo serían las estrategias que poseen los genes para transmitirse y perpetuarse.

Genética: Ciencia que estudia los mecanismos de la herencia de los caracteres biológicos.

Genoma: En general es el conjunto de genes que posee un ser vivo. Información genética que posee el núcleo celular en la secuencia de su ácido desoxirribonucleico (ADN). El genoma del ser humano consta aproximadamente de unos cien mil genes.

Genoma mitocondrial: Conjunto de material genético (ADN) presente en las mitocondrias del citoplasma celular que contribuye a la fabricación de las proteínas mitocondriales.

Genotipo: Conjunto de genes distintos que posee un individuo en los núcleos de sus células.

Gestación: Proceso intrauterino de desarrollo del embrión que suele durar nueve meses en la especie humana.

Gónada: Órgano reproductor en el que se originan los gametos. Testículo en el varón y ovario en la hembra.

Gonadotropina: Hormona femenina que regula la actividad de los ovarios y del ciclo menstrual.

Guanina: Una de las cuatro bases nitrogenadas presentes en los nucleótidos.

Haploide: Se refiere a la célula o al organismo (conjunto de células) que tienen una dotación simple de cromosomas. En el ser humano esta dotación es de veintitrés cromosomas y corresponde solo a las células sexuales. Por tanto, el número diploide sería de cuarenta y seis cromosomas y correspondería al resto de las células no sexuales o somáticas.

Hemofilia: Transtorno en la coagulación de la sangre debido a una alteración genética hereditaria que se manifiesta por la persistencia de las hemorragias.

Hemoglobina: Proteína transportadora del oxígeno que se encuentra en los glóbulos rojos (eritrocitos) de la sangre. Está formada por dos pares de cadenas polipeptídicas, dos alfa y dos beta, unidas cada una a un grupo hemo central. Cuando se une con el oxígeno forma la oxihemoglobina, que transporta el gas vital desde los pulmones al resto de las células corporales, mientras que cuando lo hace con el dióxido de carbono constituye la carboxihemoglobina, y realiza el camino inverso.

Herencia poligénica: Forma de herencia en la que en un carácter determinado intervienen un cierto número de genes. Normalmente afecta a caracteres que presentan variación continua, como la estatura.

Hermafrodita: Individuo que lleva tejidos gonadales masculinos y femeninos más o menos desarrollados.

Heterocigoto: Genotipo formado por dos alelos distintos.

Híbrido/a: Individuo, raza o variedad que resulta de combinar genes de distintas especies. Mediante la manipulación genética se ha conseguido que la creación de híbridos prolifere en la agricultura y la ganadería.

Homocigoto: Genotipo formado por dos alelos iguales.

Hormona del crecimiento: Hormona secretada por la hipófisis que estimula la síntesis proteica y el crecimiento de los huesos de las extremidades. Se denomina también somatotropina o GH (Growth Hormone). Su producción excesiva determina el gigantismo, mientras que su deficiencia provoca el enanismo.

Individualidad: Propiedad por la que algo es conocido como tal y puede ser distinguido.

Individualismo: Tendencia a anteponer el propio interés al de los demás y a pensar o actuar al margen de ellos.

Ingeniería genética: Conjunto de técnicas que permiten añadir fragmentos de ADN o genes determinados a otras moléculas de ADN para que, actuando como

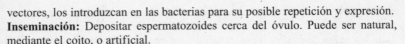

vectores, los introduzcan en las bacterias para su posible repetición y expresión.

Inseminación: Depositar espermatozoides cerca del óvulo. Puede ser natural, mediante el coito, o artificial.

Insulina: Hormona proteica secretada por células del páncreas, que promueve la utilización de glucosa por parte de las células del organismo, especialmente las del músculo y el hígado, y controla por tanto su concentración en la sangre. La baja producción de insulina provoca la acumulación de glucosa en la sangre (hiperglucemia) y en la orina (glucosuria). Esta situación, conocida como *diabetes mellitus*, puede ser tratada adecuadamente con inyecciones de insulina.

Interfase: Intervalo entre las fases de la división del núcleo de una célula.

Interferón: Cualquiera de las varias proteínas que aumentan la resistencia de las células al ataque de los virus, al desenmascarar genes que sintetizan proteínas antivirales. Existen varios grupos de interferones, uno de ellos está producido por los linfocitos supresores, que atacan a células tisulares alteradas, como son las células cancerosas. Los interferones pueden ser de gran ayuda en el tratamiento de enfermedades virales y en el cáncer, y actualmente se intenta producirlos en grandes cantidades mediante la clonación genética sobre bacterias.

Levadura: Hongo unicelular del filo Ascomicetos que puede reproducirse sexual o asexualmente. Algunas levaduras producen fermentaciones y se utilizan en la industria del pan y el alcohol.

Linfocito: Tipo de célula sanguínea llamada también glóbulo blanco o leucocito que posee un núcleo grande y poco citoplasma. Se forman en los ganglios linfáticos y constituyen alrededor del 25% de los leucocitos. Son importantes en la defensa inmunológica del organismo. Hay dos poblaciones de linfocitos: los linfocitos B, que producen anticuerpos circulares y son responsables de la inmunidad humoral y los linfocitos T, responsables de la inmunidad celular.

Liposoma: Esfera microscópica realizada artificialmente en el laboratorio mediante la adición de una solución acuosa a un gel fosfolípido. Está constituido por una vesícula con membrana parecida a la celular. Suelen utilizarse para transportar determinadas sustancias tóxicas al interior de las células en los tratamientos contra el cáncer. También se pueden usar como vectores en la terapia génica.

Locus: Lugar que ocupa un gen en un cromosoma. El plural es *loci*.

Mapa genético: Esquema que describe los genes de cada cromosoma.

Masa celular interna (MCI): Conjunto de células indiferenciadas pegadas a la pared interna de la cavidad interior de la blástula. De ellas derivará el embrión.

Meiosis: Proceso de división por el que una célula origina cuatro gametos o células sexuales con el número de cromosomas reducido a la mitad.

Mesodermo: Capa celular embrionaria intermedia, situada entre el endodermo y el ectodermo. El mesodermo da lugar, entre otras cosas, al esqueleto y a los músculos.

Metabolismo: Conjunto de reacciones químicas que se dan en un organismo vivo. Los diferentes compuestos que participan o se forman en estas reacciones se llaman metabolitos. En los animales, la mayoría de los metabolitos se obtienen de la digestión de los alimentos, mientras que en las plantas, el aporte externo solo incluye materias básicas (dióxido de carbono, agua y sales minerales). La síntesis (anabolismo) y la rotura (catabolismo) de muchos compuestos exige numerosos pasos, que en conjunto se denominan vía metabólica.

Metámero: Unidad repetitiva del cuerpo.

Metazoo: Animal formado por más de una célula.

Microbio: No es una palabra técnica. Se usa normalmente para referirse a cualquier ser formado por una sola célula (procariotas, como las bacterias, o eucariotas, como las algas unicelulares).

Mitocondria: Orgánulo del citoplasma celular encargado de la obtención de energía mediante la respiración celular.

Mitosis: Parte de la división celular a partir de la cual se originan dos núcleos iguales entre sí, con el mismo número de cromosomas y con la misma información genética; cariocinesis. ETIMOLOGÍA: Del griego *mítos* (filamento).

Monómero: Molécula o compuesto que consiste en una sola unidad que puede enlazarse a otras para formar un dímero, trímero o polímero.

Mórula: Fase del desarrollo de un embrión en la que la célula huevo o cigoto presenta el aspecto de una pequeña mora. La mórula es la fase anterior a la blástula.

Mutación: Cambio producido en un gen, que normalmente altera su secuencia. Las mutaciones dan lugar a nuevas variantes genéticas llamadas alelos.

Neodarwinismo: Corriente del pensamiento que intentó sintetizar a principios del siglo XX la genética con el gradualismo de Darwin.

Núcleo: Parte de la célula que está separada del citoplasma por una membrana y que controla el metabolismo celular.

Nucleótido: Unidad molecular básica que constituye un eslabón o monómero en la cadena de los ácidos nucleicos (ADN y ARN). Existen cuatro nucleótidos distintos para el ADN (que presentan respectivamente las siguientes bases nitrogenadas: adenina, guanina, citosina y timina) y otros cuatro para los distintos ARN (formados también por las mismas bases anteriores a excepción de la timina que es sustituida por el uracilo).

Ontogénesis u ontogenia: Formación y desarrollo de un ser vivo desde el óvulo hasta la madurez sexual. ETIMOLOGÍA: Del griego *ón* (el ser) y *génos* (origen).

Oocito: Sinónimo de ovocito. Célula germinal femenina que experimenta la meiosis.

Orgánulo: Pequeños órganos en el interior de la célula.

Ovario: Órgano reproductor femenino en el que se originan los óvulos.

Partenogénesis: Reproducción mediante la cual un solo gameto origina un nuevo individuo sin necesidad de fecundación. Se da en ciertos animales invertebrados como los áfidos y los rotíferos, en los que una hembra puede reproducirse sin la intervención del macho.

pH: Símbolo para indicar la concentración de iones de hidrógeno que posee una solución. El pH de una disolución neutra es de siete; si es superior indica alcalinidad y si es inferior, acidez.

Phyla: Véase *Phylum.* Es su plural en latín.

Phylum: Familia de determinados seres vivos que comparten un plan básico de diseño. Por ejemplo, el *phylum* de los vertebrados.

Placenta: Órgano redondeado y plano que durante la gestación se desarrolla en el interior del útero y que funciona como intermediario entre la madre y el feto. El nuevo ser recibe el oxígeno y las sustancias nutritivas a través de la placenta. ETIMOLOGÍA: Del griego *placenta* (torta).

Plásmido: Pequeña molécula circular de una doble hebra de ADN que se presenta de forma natural en las bacterias y en las levaduras, donde se replica como unidad independiente. Por lo general, solo representa un pequeño porcentaje del

ADN total de la célula en la que se halla, aunque a menudo es portador de genes vitales como los que resisten a los antibióticos. Los plásmidos son muy utilizados en la tecnología del ADN recombinante.

Pleiotropía: Fenómeno por el cual un gen tiene efectos fenotípicos sobre más de un carácter.

Poliembrionía: Formación de más de un embrión por cigoto como consecuencia de la segmentación en una fase precoz del desarrollo. En el armadillo (*Dasypodus*), por ejemplo, siempre se da a luz cuatro o más gemelos idénticos procedentes de un solo huevo. Los casos más extraordinarios se observan, sin embargo, en los insectos himenópteros parásitos, en los que un solo huevo puede originar hasta dos mil embriones. En los humanos, los gemelos univitelinos son la forma más sencilla de poliembrionía.

Polimorfismo genético: Variación genética caracterizada por la existencia de diversos alelos de un gen. Puede referirse a individuos, poblaciones o especies.

Progesterona: Hormona segregada por el cuerpo lúteo del ovario que prepara los órganos reproductores para la gestación y mantiene el útero en un estado adecuado para la nutrición y protección del embrión durante el embarazo, en que también es producida por la placenta.

Procariota: Uno de los dos tipos esenciales de células. No poseen núcleo ni mitocondrias. En este grupo están las bacterias y las arqueas.

Pronúcleo: Núcleo del espermatozoide (pronúcleo masculino) después de penetrar en el óvulo durante la fecundación, pero antes de la fusión con el núcleo del óvulo. O núcleo del óvulo (pronúcleo femenino) después de completarse la meiosis pero antes de la fusión con el núcleo del espermatozoide. Los pronúcleos son todavía haploides.

Proteína: Compuesto químico de los organismos vivos formado por carbono, hidrógeno, oxígeno, nitrógeno y, en ocasiones, azufre. Está formado por largas cadenas de aminoácidos unidos en una secuencia característica y propia para cada proteína. De manera general las proteínas pueden clasificarse como globulares y fibrosas. Entre las primeras destacan las siguientes: hemoglobina, enzimas, anticuerpos, caseína, albúmina, ciertas hormonas como la insulina, etc.; mientras que en las fibrosas se encuentran la queratina, el colágeno, la actina y la miosina. Cuando las proteínas se calientan por encima de los cincuenta grados centígrados pierden su estructura y sus propiedades biológicas.

Protistas: Eucariotas unicelulares.

Psicofisiología: Ciencia que estudia la interrelación entre las funciones corporales y los procesos mentales.

Puente de hidrógeno: Enlace débil que se establece entre moléculas en las que el átomo de hidrógeno está unido de forma covalente a otro átomo muy electronegativo, como el oxígeno o el nitrógeno. Es un enlace muy abundante en las cadenas del ADN y el ARN.

Quimera: Organismo cuyos tejidos son de dos o más tipos genéticamente diferentes. Se pueden producir por la fecundación simultánea del óvulo por un espermatozoide y de un cuerpo polar derivado del mismo oocito primario por otro espermatozoide (quimeras cigóticas), o por la fusión de dos embriones distintos (quimeras poscigóticas). En biología también se denomina así a los híbridos interespecíficos que resultan de unir células de especies distintas.

Raza: Sinónimo de subespecie.

Reacción en cadena de la polimerasa (PCR): Técnica para amplificar el ADN (realizar multitud de copias).

Recesivo: Término que se aplica a un determinado alelo o gen (véase «Alelo recesivo»).

Recombinación: Intercambio de segmentos cromosómicos o de ADN.

Replicación: Duplicación del ADN mediante la desespiralización de sus dos hebras y la formación de dos nuevas hebras hijas. Este proceso se da en cada división celular.

Reprogramación: Significa que los genes «mudos» vuelven a expresarse. En las células diferenciadas que ya se han especializado solo se expresa una parte de sus genes (entre el 10% y el 50%, según el tipo de tejido), los demás permanecen «mudos». La reprogramación consistiría en que tales genes «mudos» pudieran de nuevo manifestarse.

Restricción, enzimas de: Tipo de enzimas, llamadas nucleasas o endonucleasas, que rompen la cadena de ADN por un punto específico. Son producidas por muchas bacterias para defenderse de los virus.

Retrovirus: Virus que posee ARN en vez de ADN, pero que es capaz de transformar su ARN en ADN por medio de la enzima transcriptasa inversa, volviéndose así capacitado para integrarse en el ADN del huésped. Los retrovirus pueden causar cánceres y enfermedades como el SIDA.

Ribosa: Glúcido monosacárido formado por cinco átomos de carbono que es un componente muy importante del ARN.

Ribosoma: Partículas formadas por el ARN y proteínas que se encuentran en el citoplasma de todas las células, en ellas se realiza la síntesis de proteínas.

Secuencia: Ordenación que presentan los nucleótidos en la cadena de ADN. Cada gen tiene una secuencia determinada que se traduce en la elaboración de una proteína específica.

Segmentación: Primeras divisiones de las células del cigoto.

Simbiosis: Relación entre individuos de diferentes especies en la que los dos organismos se benefician mutuamente. Por ejemplo, la existente entre el cangrejo ermitaño y las anémonas que viajan sobre la concha, estas le protegen con su veneno y aquél las transporta facilitándoles la obtención de alimento.

Singamia: Unión de los gametos en la fecundación.

Síntesis neodarwiniana: Neodarwinismo. Llamada también teoría sintética.

Splicing: Tanto los genes de seres eucariotas como algunos procariotas tienen su secuencia codificante, es decir, la que se traduce a proteína, dividida en varios exones. Entre un exón y el siguiente hay un intrón, que no codifica nada. El *splicing* es el proceso mediante el cual se eliminan los intrones en el ARN mensajero y se vuelven a pegar los exones entre sí.

Subfertilidad: Capacidad de fecundar o concebir inferior a la normal, que puede ser debida a múltiples causas.

Subespecie: Conjunto de poblaciones de una especie que poseen un cierto grado de diferenciación genética con respecto al resto de la especie.

Tanatología: Parte de la biología que estudia la muerte, sus causas y sus fenómenos. // Teoría sobre la muerte // ETIMOLOGÍA: Del griego *thánatos* (muerte) y *logía* (estudio, ciencia).

Teoría sintética: Véase Neodarwinismo.

Terapia génica: Técnica que procura corregir defectos genéticos por medio de la inserción de nuevas copias genéticas, modificando los genes o eliminando quirúrgicamente los genes anómalos para ser sustituidos por otros sanos.

Timina: Una de las cuatro bases nitrogenadas presentes en los nucleótidos.

Totipotencialidad: Capacidad de los blastómeros iniciales —al menos hasta el estadio de ocho células— que consiste en dar lugar a la construcción de un embrión completo.

Traducción: Proceso que ocurre en el citoplasma celular mediante el que la información contenida en el ARN mensajero (ARNm) sirve para sintetizar proteínas gracias al código genético.

Transcripción: Proceso que tiene lugar en las células vivas por el que la información genética del ADN es trasferida a las moléculas del ARN mensajero (ARNm) como primer paso de la síntesis proteica. La transcripción tiene lugar en el núcleo de la célula y precisa de la participación de enzimas de la polimerasa del ARN, que ensamblan los nucleótidos necesarios para formar la hebra complementaria del ARNm a partir del molde de ADN.

Transgénico: Organismo que contiene genes de otra especie que le han sido introducidos de manera artificial.

Trisomía: Variación cromosómica numérica en la que un determinado cromosoma se repite tres veces en lugar de dos, que sería lo normal. Suele dar lugar a graves enfermedades genéticas, como el mongolismo o trisomía del cromosoma veintiuno.

Trofoectodermo: Epitelio embrionario que envuelve todas las estructuras embrionarias, forma la capa externa del corion y establece estrecho contacto con los tejidos maternos. Forma el lado embrionario de la placenta; presenta permeabilidad selectiva y fabrica hormonas.

Trompa de Falopio: Tubo con una abertura en forma de embudo junto al ovario, que va desde la cavidad peritoneal al útero. Hay uno a cada lado. Por acción muscular y ciliar conduce los óvulos desde el ovario al útero, y los espermatozoides desde el útero a la zona superior de la trompa de Falopio, donde fecundan los óvulos que descienden. Conducto uterino.

Unicidad: Carácter o índole de lo que es único.

Urbilateria: Nombre dado al primer animal hipotético que se supone fue el ancestro común a todos los seres vivos.

Variabilidad genética: Véase polimorfismo genético.

Vector: Transportador utilizado para introducir un fragmento de ADN (gen) clonado en el núcleo de una célula.

Vellosidad coriónica: Conjunto de protuberancias en el corion de la placenta que aumenta la superficie de absorción entre los tejidos embrionarios y maternos.

Virión: Virus maduro en el exterior de las células huésped.

Virus: Partícula demasiado pequeña como para ser vista a través del microscopio óptico o para ser atrapada por un filtro de laboratorio, aunque es capaz de reproducirse dentro de una célula viva y poseer un cierto metabolismo independiente. Fuera de la célula huésped los virus son completamente inertes, por eso se considera que están en la frontera de la vida. Están formados por un ácido nucleico (ADN o ARN) rodeado por una cubierta proteica o cápside. Los virus pueden parasitar plantas, animales y algunas bacterias y provocar enfermedades como el catarro, la gripe, el herpes, la hepatitis, la poliomielitis, la rabia y el SIDA. Algunos virus están relacionados con el desarrollo del cáncer. Los antibióticos son ineficaces contra los virus, pero las vacunas pueden proporcionar cierta protección.

Vivisección: Intervención quirúrgica o disección de animales vivos con fines científicos.

ILUSTRACIONES

Fig. 1.   Imágenes de Erasmus Darwin (1731-1802), Charles Darwin (1809-1882), Alfred R. Wallace (1823-1913), Thomas H. Huxley (1825-1895), Ernst Haeckel (1834-1919) y Julian Huxley (1887-1975).

Fig. 2.   El *Beagle*, barco en el que Darwin dio la vuelta al mundo.

Fig. 3.   Los pinzones de las islas Galápagos.

Fig. 4.   Imágenes de Georges Louis Leclerc Comte de Buffon (1707-1788); Jean-Baptiste Lamarck (1744-1829); Thomas Malthus (1766-1834); Charles Lyell (1797-1875); Sir William Jackson Hooker (1785-1865) y Herbert Spencer (1820-1903).

Fig. 5.   Selección artificial en las distintas razas de perros.

Fig. 6.   Origen de algunas lenguas de la familia indoeuropea.

Fig. 7.   Ejemplo típico de convergencia al vuelo en tres tipos de animales muy distintos, un reptil fósil, un mamífero y un ave.

Fig. 8.   Ejemplo de órganos homólogos.

Fig. 9.   Tipos de placenta según la zona en que esta se sitúa.

Fig. 10.   Estructura del corazón en las cinco clases de vertebrados.

Fig. 11.   La pelvis de las ballenas.

Fig. 12.   Fósil de *Archaeopteryx*.

Fig. 13.   Comparación entre dos teorías evolucionistas: gradualismo y saltacionismo.

Fig. 14.   Comparación entre algunas fases del desarrollo embrionario de ocho especies animales.

Fig. 15.   A la derecha: aspecto real de los embriones durante la primera etapa de su desarrollo. A la izquierda: dibujos realizados por Haeckel para esa misma etapa. (Modificado de Wells, 2000).

Fig. 16. Un ejemplo típico de coevolución o de diseño original, según se mire, sería el de las flores y los insectos polinizadores.

Fig. 17. Famoso aparato fabricado por Stanley L. Miller durante los años cincuenta.

Fig. 18. Los polímeros presentan una enorme tendencia para disgregarse en monómeros. Sin embargo, estos raramente tienden a unirse para formar polímeros.

Fig. 19. Las células vivas solo tienen aminoácidos L sin que nadie hasta ahora pueda explicar por qué.

Fig. 20. La fila de genes Hox existe en todos los animales, desde la mosca o el ratón al propio hombre, y sirve para lo mismo en todos ellos. Este hallazgo es la mayor sorpresa de la biología actual, ya que desmiente las pretensiones del darwinismo.

Fig. 21. Dos mutaciones provocadas en el gen *Ultrabithorax* producen una mosca con cuatro alas como esta.

Fig. 22. Los dos grandes tipos estructurales de células que existen en la actualidad son muy diferentes entre sí. Abajo: bacteria típica, ejemplo de célula sin núcleo (procariota). Arriba: célula nucleada (eucariota) de la que están formados todos los animales y las plantas.

Fig. 23. Las espiroquetas son bacterias alargadas que se desplazan por medio de movimientos helicoidales. Tienden a unirse con otras bacterias y, a veces, las penetran.

Fig. 24. Los intrones son pedazos de ADN que no contienen información para fabricar proteínas y que interrumpen a los verdaderos genes o exones, que sí tienen. Antes de que la célula pueda leer correctamente la información de los genes debe deshacerse de los intrones gracias al proceso del *splicing*.

Fig. 25. Abajo: árbol clásico de la evolución de las especies según el darwinismo. Arriba: nueva interpretación a partir de la explosión del Cámbrico.

Fig. 26. *Opabinia* fue uno de los primeros fósiles descubiertos en el yacimiento de Burgess Shale, el cual demostró la gran explosión de vida ocurrida durante el Cámbrico. Tenía cinco ojos, una trompa flexible y un tronco formado por quince segmentos.

Fig. 27. El ojo no pudo haberse producido por evolución de lo simple a lo complejo, como propuso Darwin, sino que manifiesta claramente un diseño inteligente que le debió permitir funcionar bien desde el primer momento.

BIBLIOGRAFÍA

A

ABBAGNANO, N. 1982, *Historia de la filosofía*, 3 vols., Hora, Barcelona.
ALBERCH, P. 1984, La embriología en el darwinismo: un problema clásico con nuevas perspectivas, en P. Alberch y otros (ed.), *Darwin a Barcelona*, PPU, Barcelona, pp. 401-442.
ALEXANDER, R. 1989, *Darwinismo y asuntos humanos*, Salvat, Barcelona.
ARDREY, R. 1978, *La evolución del hombre: la hipótesis del cazador*, Alianza, Madrid.
ARSUAGA, J. L., 1999, *El collar de neandertal,* Temas de Hoy, Madrid.
ARTIGAS, M. 2000, *La mente del universo*, Eunsa, Pamplona.
ATKINS, P. W. 1989, *La creación*, Salvat, Barcelona.
AYALA, F. J. 1983, *Origen y evolución del hombre*, Alianza, Madrid.
AYALA, F. J. 1989, *La naturaleza inacabada*, Salvat, Barcelona.

B

BARASH, D. P. 1989, *La liebre y la tortuga*, Salvat, Barcelona.
BEHE, M. J. 1999, *La caja negra de Darwin*, Andres Bello, Barcelona.
BEHE, M. J., DEMBSKI, W. A. & MEYER, S. C. 2002, *Science and Evidence for Design in the Universe*, Ignatius Press, San Francisco.
BERRY, A. 1983, *Los próximos 10.000 años: el futuro del hombre en el universo*, Alianza, Madrid.
BONÉ, E. 2000, *¿Es Dios una hipótesis inútil? Evolución y bioética. Ciencia y fe*, Sal Terrae, Santander.
BOOTH, B. & FITCH, F. 1988, *La inestable Tierra*, Salvat, Barcelona.
BRADLEY, W. L. 1999, *El universo diseñado justo a punto*, Mere Creation, Estados Unidos.
BRESCH, C. 1989, *La vida, un estadio intermedio*, Salvat, Barcelona.
BROOM, N. 2001, *How Blind Is the Watchmaker?*, InterVarsity Press, Downers Grove, Illinois.
BRUGGER, W. 1988, *Diccionario de Filosofía*, Herder, Barcelona.
BUNDSCHERER, N. 1969, *Ciencias naturales y fe cristiana*, Paulinas, Barcelona.

C

CALVO, M. 2000, *La Ciencia en el Tercer Milenio*, McGraw-Hill, Madrid.
CAMPBELL, B. 1988, *Ecología humana*, Salvat, Barcelona.
COLSON, CH. & PEARCEY, N. 1999, *Y ahora... ¿cómo viviremos?,* Unilit, Miami, Estados Unidos.
CRICK, F. 1994, *La búsqueda científica del alma*, Debate, Madrid.

CRUSAFONT, M y otros, 1976, *La evolución*, BAC, Madrid.

CRUZ, A. 1993, L'origen de l'univers i la teoria del Big Bang, en *Presència Evangèlica*, n° 139-140, Sabadell, Barcelona, pp. 16-18.

CRUZ, A. 1996, ¿De dónde venimos?, en F. Ortiz y otros (ed.), *Expediente X, ideas y recursos para el estudiante cristiano*, Clie, Terrassa, Barcelona, pp. 85-105.

CRUZ, A. 1997, *Postmodernidad*, Clie, Terrassa, Barcelona.

CRUZ, A. 1998, *Parábolas de Jesús en el mundo postmoderno*, Clie, Terrassa, Barcelona.

CRUZ, A. 1999, *Bioética cristiana*, Clie, Terrassa, Barcelona.

CRUZ, A. 2000, El origen del universo, en
www.elportalcristiano.com/canales/estudios/ciencia/universo.htm

CRUZ, A. 2001, *Sociología, una desmitificación*, Clie, Terrassa, Barcelona.

CRUZ, A. 2003, *El cristiano en la aldea global*, Vida, Miami, Florida.

CUELLO, J. & VIDAL, A. M. 1986, *Antología de la Historia de la Biología*, PPU, Barcelona.

CH

CHAISSON, E. 1989, *El amanecer cósmico*, Salvat, Barcelona.

CHAUVIN, R. 2000, *Darwinismo. El fin de un mito*, Espasa, Madrid.

D

DARWIN, Ch. 1972, *Teoría de la evolución*, Península, Barcelona.

DARWIN, Ch. 1973, *El origen del hombre*, 2 vols., Petronio, Barcelona.

DARWIN, Ch. 1977, *Autobiografía*, Alianza Editorial, Madrid.

DARWIN, Ch. 1980, *El origen de las especies*, Edaf, Madrid.

DARWIN, Ch. 1983a, *Recuerdos del desarrollo de mis ideas y carácter*, Nuevo Arte Thor, Barcelona.

DARWIN, Ch. 1983b, *Ensayo sobre el instinto y apunte biográfico de un niño*, Tecnos, Madrid.

DARWIN, Ch. 1994, *El origen de las especies*, Reseña, Barcelona.

DAVIES, P. 1986a, *Otros mundos*, Salvat, Barcelona.

DAVIES, P. 1986b, *El universo accidental*, Salvat, Barcelona.

DAVIES, P. 1988a, *El universo desbocado*, Salvat, Barcelona.

DAVIES, P. 1988b, *Dios y la nueva física*, Salvat, Barcelona.

DAVIES, P. 1988c, *Superfuerza*, Salvat, Barcelona.

DE BEER, G. 1970, *Atlas de evolución*, Omega, Barcelona.

DEMBSKI, W. A. 1998a, *The Design Inference: Eliminating Chance Throgh Small Probabilities*, Hardcover, Estados Unidos.

DEMBSKI, W. A. 1998b, *Mere Creation: Sciencie, Faith & Intelligent Design*, InterVarsity Press, Downers Grave, Illinois.

DEMBSKI, W. A. 1998c, *El acto de la Creación*, Ponencia presentada al Foro de Millstatt, Strasborug, Francia, 10.08.98.

DEMBSKI, W. A. 1999, *Intelligent Design*, InterVarsity Press, Downers Greve, Illinois.

DEMBSKI, W. A. & KUSHINER, J. M. 2001, *Signs of Intelligence*, Brazos Press, Grand Rapids, Michigan.

DENNETT, D.C. 1995, *La conciencia explicada*, Paidós, Barcelona.

DENNETT, D.C. 1999, *La peligrosa idea de Darwin*, Círculo de Lectores, Barcelona.

DENTON, M. J. 1996, *Evolution: A Theory in Crisis,* Adler & Adler, Chevy Chase, Maryland.
DENTON, M. J. 1998, *Nature's Destiny,* The Free Press, New Cork.
D'ESPAGNAT, B. 1983, *En busca de lo real. La visión de un físico,* Alianza, Madrid.
DEWITT, B. S. 1984, Gravedad cuántica, en Mas, L. (ed.) *Cosmología,* Libros de Investigación y Ciencia, Barcelona, pp. 26-38.
DICKSON, R. E. 1987, *El ocaso de los incrédulos,* Clie, Terrassa, Barcelona.
DOU, A. 1993, *Els científics i la fe cristiana,* Claret, Barcelona.
DUBOS, R. 1986, *Un dios interior,* Salvat, Barcelona.

E

EINSTEIN, A. 1985, *Mi visión del mundo,* Tusquets, Barcelona.

F

FERRIS, T, 1995, *La aventura del Universo,* Grijalbo Mondadori, Barcelona.
FEYERABEND, P. K. 1995, *Adiós a la razón,* Altaya, Madrid.
FEYERABEND, P. K. 2000, *Tratado contra el método,* Tecnos, Madrid.
FLORI, J. & RASOLOFOMASOANDRO, H. 2000, *En busca de los orígenes ¿evolución o creación?,* Safeliz, Madrid.

G

GALE, G. 1982, El principio antrópico, en Mas, L. (ed.) *Cosmología,* Libros de Investigación y Ciencia, Barcelona, pp. 192-201.
GEISLER, N. y BROOKS, R. 1997, *Apologética, herramientas valiosas para la defensa de la fe,* Flet-Unilit, Miami.
GELLNER, E. 1994, *Posmodernismo, razón y religión,* Paidós, Barcelona.
GIDDENS, A. 1998, *Sociología,* Alianza Editorial, Madrid.
GINER-SOROLLA, A. 1983, *Un nou Génesi: a l'entorn dels orígens,* Edicions 62, Barcelona.
GLEICK, J. 1998, *Caos. La creación de una ciencia,* Seix Barral, Barcelona.
GOULD, S. J. 1983a, *Desde Darwin,* Hermann Blume, Madrid.
GOULD, S. J. 1983b, *El pulgar del panda,* Hermann Blume, Madrid.
GOULD, S. J. 2000, *Ciencia versus religión. Un falso conflicto,* Crítica, Barcelona.
GRASSÉ, P. P. 1977, *La evolución de lo viviente,* Hermann Blume, Madrid.
GRIBBIN, J, 1986, *Génesis,* Salvat, Barcelona.
GRIBBIN, J. 1988, *En busca del Big Bang,* Pirámide, Madrid.
GUITTON, J. y otros, 1994, *Dios y la ciencia. Hacia el metarrealismo,* Debate, Madrid.
GUTH, A. H. 1984, El universo inflacionario, en Mas, L. (ed.) *Cosmología,* Libros de Investigación y Ciencia, Barcelona, pp. 12-25.
GUTH, A. H. 1997, *El Universo Inflacionario,* Debate, Madrid.

H

HALLAM, A. 1985, *Grandes controversias geológicas,* Labor, Barcelona.
HAWKING, S. W. 1988, *Historia del tiempo,* Crítica, Barcelona.
HAWKING, S. W. 2002, *El universo en una cáscara de nuez,* Crítica/Planeta, Barcelona.
HOAGLAND, M. 1988, *Las raíces de la vida,* Salvat, Barcelona.

HORGAN, J. 1998, *El fin de la ciencia*, Paidós, Barcelona.
HUXLEY, J. & KETTLEWEL, 1984, *Darwin*, Salvat, Barcelona.

I

INSTITUTO DEL ATEÍSMO CIENTÍFICO DE LA ACADEMIA DE LAS CIENCIAS SOCIALES DE LA URSS, 1983, *El ateísmo científico*, Júcar, Madrid.

J

JAKI, S. L. y otros, 1991, *Física y religión en perspectiva*, Rialp, Madrid.
JAKOSKY, B. 1999, *La búsqueda de vida en otros planetas*, CUP, Madrid.
JASTROW, R. 1978, *God and the astronomers*, Norton, New York.
JOHNSON, Ph. E. 1995, *Proceso a Darwin*, Portavoz, Grand Rapids, Michigan.
JOHNSON, Ph. E. 1997, *Defeating Darwinism by Opening Minds*, InterVarsity Press, Downers Grove, Illinois.
JOU, D. 1992, *Algunes q_estions sobre ciéncia i fe*, Claret, Barcelona.

K

KAPLAN, R. W. 1982, *El origen de la vida*, Alhambra, Madrid.
KING, I. R. 1985, Cúmulos globulares, en Mas, L. (ed.) *Cosmología*, Libros de Investigación y Ciencia, Barcelona, pp. 107-115.
KUHN, T. S. 2001, *La estructura de las revoluciones científicas*, Fondo de Cultura Económica, Madrid.

L

LACUEVA, F. 2001, *Diccionario Teológico Ilustrado,* Clie, Terrassa, Barcelona.
LAÍN, P. 1992, *Cuerpo y alma*, Espasa Calpe, Madrid.
LAKATOS, I. & MUSGRAVE, A. 1974, *La crítica y el desarrollo del conocimiento*, Grijalbo, Barcelona.
LEITH, B. 1988, *El legado de Darwin*, Salvat, Barcelona.
LENNOX, J. C. 2003, *¿Ha enterrado la ciencia a Dios?*, Clie, Terrassa, Barcelona.
LEWIN, R. 1989, *Evolución humana*, Salvat, Barcelona.
LÓPEZ, C. 1999, *Universo sin fin*, Taurus, Madrid.
LUBENOW, M. L. 2003, *Bones of contention*, Baker Books, Grand Rapids, Michigan.

M

MADDOX, J. 1999, *Lo que queda por descubrir*, Debate, Madrid.
MOLES, M. 1981, Cosmología y observaciones. Un análisis crítico, en Mas, L. (ed.) *Cosmología*, Libros de Investigación y Ciencia, Barcelona, pp. 48-61.
MOLTMANN, J. 1986, *El hombre,* Sígueme, Salamanca.
MOLTMANN, J. 1987, *Dios en la creación*, Sígueme, Salamanca.
MORELAND, J. P. & REYNOLDS, J. M. 1999, *Three views on Creation and Evolution*, Zondervan P. H., Grand Rapids, Michigan.
MOSTERÍN, J. 2001, *Ciencia viva. Reflexiones sobre la aventura intelectual de nuestro tiempo*, Espasa, Madrid.
MOTA, E. 1995, *Ciencia y fe ¿en conflicto?*, Andamio, Barcelona.

N

NICOLAU, F. 1965, *La teoría del indeterminismo en la física actual*, Seminario Conciliar de Barcelona.

NICOLAU, F. 1984, *L'evolucionisme, avui*, Catalunya Cristiana, Barcelona.

NICOLAU, F. 1985, *Origen i estructura de l'univers*, Catalunya Cristiana, Barcelona.

NICOLAU, F. 1986, *La constitució de la matéria*, Edicions Terra Nostra, Barcelona.

NICOLAU, F. 1987, *La céllula i la reproducció dels éssers vius*, Catalunya Cristiana, Barcelona.

NICOLAU, F. 1992, *Els astres i l'astrofísica. I. El sistema solar*, Catalunya Cristiana, Barcelona.

NICOLAU, F. 1993, *Els astres i l'astrofísica. II. Estrelles i galàxies*, Catalunya Cristiana, Claret, Barcelona.

NICOLAU, F. 1995, *Els elements que componen el cosmos*, Claret, Barcelona.

NICOLAU, F. 1996, *El cerebro y el alma humana*, Santandreu, Barcelona.

NICOLAU, F. 1997, *El planeta Terra i la seva historia*, Claret, Barcelona.

NICOLAU, F. 2002, *Església i ciència al llarg de la história*, Claret, Barcelona.

NOGAR, R. J. 1967, *La evolución y la filosofía cristiana*, Herder, Barcelona.

NÍVIKOV, I. 1990, *Cómo explotó el universo*, Mir, Moscú.

O

OPARIN, A. I. 1980, *El origen de la vida*, Akal, Madrid.

P

PANIKKAR, R. 1994, *Pensamiento científico y pensamiento cristiano*, Sal Terrae, Santander.

PANNENBERG, W. 1981, *Teoría de la Ciencia y Teología*, Libros Europa, Madrid.

PATTERSON, C. 1985, *Evolución, la teoría de Darwin hoy*, Fontalba, Barcelona.

PENROSE, R. 1996, *La nueva mente del emperador*, Grijalbo Mondadori, Barcelona.

PENROSE, R. 1996, *Las sombras de la mente*, Crítica-Grijalbo, Mondadori, Barcelona.

PÉREZ MERCADER, J. 1996, *¿Qué sabemos del universo?*, Debate, Madrid.

PEUKERT, H. 2000, *Teoría de la ciencia y teología fundamental*, Herder, Barcelona.

PINILLOS, J. L. 1995, *La mente humana*, Temas de hoy, Madrid.

POLANYI, M. 1961, *Ciencia, fe y sociedad*, Taurus, Madrid.

POLKINGHORNE, J. 2000, *Ciencia y teología*, Sal Terrae, Santander.

POPPER, K. R. 1977, *Búsqueda sin término*, Tecnos, Madrid.

POPPER, K. R. & ECCLES, J. C. 1993, *El yo y su cerebro*, Labor, Barcelona.

POPPER, K. R. 2001, *La lógica de la investigación científica*, Tecnos, Madrid.

PRIGOGINE, I. & STENGERS, I. 1983, *La nueva alianza. Metamorfosis de la ciencia*, Alianza, Madrid.

PRIGOGINE, I. 1983, *¿Tan solo una ilusión? Una exploración del caos al orden*, Tusquets, Barcelona.

PRIGOGINE, I. 1996, *El fin de las certidumbres*, Taurus, Madrid.

R

RAE, A. 1995, *Física cuántica, ¿ilusión o realidad?*, Robinbook, Teia.

RAÑADA, A. F. 1994, *Los científicos y Dios*, Nobel, Oviedo.

REEVES, H. 1996, *Últimas noticias del cosmos*, Alianza, Madrid.

RIDLEY, M. 2001, *Genoma: La autobiografía de una especie en 23 capítulos*, Taurus, Madrid.

ROSS, H. 1999a, *Beyond the Cosmos*, Navpress, Colorado Springs, Colorado.

ROSS, H. 1999b, *El Creador y el cosmos*, Mundo Hispano, El Paso, Texas.

ROSS, H. 2001, *The Genesis question*, Navpress, Colorado Springs, Colorado.

RUELLE, D. 1995, *Azar y caos*, Alianza, Madrid.

RUIZ DE LA PEÑA, J. L. 1986, *La otra dimensión*, Sal Terrae, Santander.

RUIZ DE LA PEÑA, J. L. 1992, *Teología de la creación*, Sal Terrae, Santander.

RUIZ DE LA PEÑA, J. L. 1995, *Crisis y apología de la fe*, Sal Terrae, Santander.

RUSE, M. 1983, *La revolución darwinista*, Alianza, Madrid.

RUSE, M. 1989, *Tomándose a Darwin en serio*, Salvat, Barcelona.

S

SALET, G. 1975, *Azar y certeza*, Alhambra, Madrid.

SAMPEDRO, J. 2002, *Deconstruyendo a Darwin*, Crítica, Barcelona.

SCHMIDT-NIELSEN, K., 1976, *Fisiología animal*, Omega, Barcelona.

SCHRÖDINGER, E. 1983, *¿Qué es la vida?*, Tusquets, Barcelona.

SCHWOERBEL, W. 1986, *Evolución. Teorías de la evolución de la vida*, Salvat, Barcelona.

SEARLE, J. R. 1996, *El descubrimiento de la mente*, Crítica, Barcelona.

SEGUNDO, J. L. 1993, *¿Qué mundo?¿qué hombre?¿qué Dios?*, Sal Terrae, Santander.

SEQUEIROS, L. 1992, *Raíces de la humanidad ¿Evolución o creación?*, Sal Terrae, Santander.

SHAPIRO, R. 1989, *Orígenes*, Salvat, Barcelona.

SIMÓN, J. 1947, *A Dios por la ciencia*, Lumen, Barcelona.

SMITH, C. U. M. 1977, *El problema de la vida*, Alianza, Madrid.

SOKAL, A. & BRICMONT, J. 1999, *Imposturas intelectuales*, Paidós, Barcelona.

SOLÍS, C. 1998, *Alta tensión: Filosofía, sociología e historia de la ciencia. Ensayos en memoria de Thomas Huhn*, Paidós, Barcelona.

STEWART, I. 1996, *¿Juega Dios a los dados?*, Crítica, Barcelona.

STONER, P. W. 1960, *La ciencia habla*, Moody, Indiana, Estados Unidos.

STROBEL. L. 2001, *El caso de la fe*, Vida, Miami, Florida, Estados Unidos.

T

TAYLOR, G. R., 1983, *El gran misterio de la evolución*, Planeta, Barcelona.

TEILHARD DE CHARDIN, P. 1967, *El grupo zoológico humano*, Taurus, Madrid.

TEILHARD DE CHARDIN, P. 1982, *El fenómeno humano*, Taurus, Madrid.

TEMPLADO, J. 1974, *Historia de las teorías evolucionistas*, Alhambra, Madrid.

THAXTON, Ch. B., BRADLEY, W. L. & OLSEN, R. L. 1992, *The Mystery of Life's Origin*, Lewis and Stanley, Dallas, Texas, Estados Unidos.

THOMAS, J. D. 1972, *Razón, ciencia y fe*, Irmayol, Madrid.

TIPLER, F. J. 1996, *La física de la inmortalidad*, Alianza, Madrid.

TREFIL, J. S. 1986, *El momento de la creación*, Salvat, Barcelona.

TREVIJANO, M. 1997, *Fe y ciencia. Antropología*, Sígueme, Salamanca.

U

UDíAS, A. 1993, *Conflicto y diálogo entre ciencia y religión*, Sal Terrae, Santander.

V

VALENTINE, J., JABLONSKY, D. & EDWIN, D. H., 1999, Fossils, molecules and embryos: new perspectivas on the Cambrian explosion, *Development* 126, pp. 851-859.

Van RIESSEN, H. 1973, *Enfoque cristiano de la ciencia*, Acelr, Barcelona.

VILA, S. 1951, *Fe y razón*, Junta Bautista de Publicaciones, Buenos Aires.

VILA, S. 1987, *A Dios por el átomo*, Clie, Terrassa, Barcelona.

VILA, S. 1988, *Pruebas tangibles de la existencia de Dios*, Clie, Terrassa, Barcelona.

VOGEL, G. & ANGERMANN, H., 1974, *Atlas de biología*, Omega, Barcelona.

Von FRISCH, K. 1989, *Doce pequeños huéspedes*, Salvat, Barcelona.

W

WATSON, J. 1989, *La doble hélice*, Salvat, Barcelona.

WEBER, M. 1995, *La ética protestante y el espíritu del capitalismo*, Península, Barcelona.

WEINBERG, S. 1983, *Los tres primeros minutos del universo*, Alianza, Madrid.

WELLS, J. 2000, *Icons of Evolution. Science or Myth?*, Regnery Publishing, Inc., Washington.

Y

YOUNG, J. Z., 1971, *La vida de los vertebrados*, Omega, Barcelona.

Z

ZILLMER, H.-J. 2000, *Darwin se equivocó. ¿Existió realmente la evolución?*, Timun Mas, Barcelona.

DISFRUTE DE OTRAS PUBLICACIONES DE EDITORIAL VIDA

Desde 1946, Editorial Vida es fiel amiga del pueblo hispano a través de la mejor literatura evangélica. Editorial Vida publica libros prácticos y de sólidas doctrinas que enriquecen el caudal de conocimiento de sus lectores.

Nuestras Biblias de Estudio poseen características que ayudan al lector a crecer en el conocimiento de las Sagradas Escrituras y a comprenderlas mejor. Vida Nueva es el más completo y actualizado plan de estudio de Escuela Dominical y el mejor recurso educativo en español. Además, nuestra serie de grabaciones de alabanzas y adoración, Vida Music renueva su espíritu y llena su alma de gratitud a Dios.

En las siguientes páginas se describen otras excelentes publicaciones producidas especialmente para usted. Adquiera productos de Editorial Vida en su librería cristiana más cercana.

Vida

DEDICADOS A LA EXCELENCIA

El cristiano en la aldea global

En estas dos últimas décadas ha tenido lugar en nuestro planeta toda una serie de acontecimientos que han contribuido a cambiar las relaciones humanas y a crear un nuevo tipo de sociedad a escala global.

El cristiano en la aldea global contribuye a la reflexión de las grandes interrogantes contemporáneas que damandan respuestas claras y convincentes que provengan de la fe cristiana.

0-8297-3921-1

DEDICADOS A LA EXCELENCIA

Nos agradaría recibir noticias suyas.
Por favor, envíe sus comentarios sobre este libro
a la dirección que aparece a continuación.
Muchas gracias.

Editorial Vida
7500 NW 25 Street, Suite 239
Miami, Florida 33122

Vidapub.sales@zondervan.com
http://www.editorialvida.com